# Juba Arabic – English Dictionary

## Kamuus ta Arabi Juba wa Ingliizi

Ian Smith & Morris Timothy Ama

Fountain Publishers

Fountain Publishers Ltd
P.O. Box 488
Kampala, Uganda
Email: fountain@starcom.co.ug
Website: www.fountainpublishers.co.ug

Distributed in Europe, North America and Australia by African Books
Collective (ABC), The Jam Factory, 27 Park End St, Oxford OX1 1HU,
United Kingdom. Tel: 44(0) 1865-726686, Fax:1865-793298

ISBN    9970 02 475 2

---

*Cataloguing-in-Publishing Data*

Ian Smith and Morris Timothy Ama
Juba Arabic – English Dictionary. – Kampala: Fountain Publishers, 2005
__ p. __ cm

ISBN 9970 02 475 2

1. Arabic Language
I. Dictionaries          II. English

492.7321

# CONTENTS
# HAJAAT AL FI FI KITAAB DE

# INTRODUCTION

This dictionary was first developed in the early 1980's. It was intended to assist both those learning Juba Arabic and also speakers of Juba Arabic who wished to improve their English. That objective remains valid today. The dictionary does not lay claim to be definitive. It was hoped rather that it would stimulate further work on the Arabic spoken in Equatoria. Some more work has been done in the intervening years but this remains the only dictionary in the language.

Juba Arabic itself is far from uniform. For example the vocabulary of an eighteen year old youth born and brought up in Juba is far greater than that used by speakers in the rural areas as a lingua franca of the Region. It was something of a problem to decide upon the criterion to adopt for the inclusion of words in this dictionary. It was eventually decided to include all words in current usage at that time which might be understood by a person who had lived in Juba many years, had fair intelligence, though little or no formal education in Standard Modern Arabic, and was socially and politically aware of the local environment. In addition, words, which are known by Juba Arabic speakers in the context of their work have been included. Thus while almost nobody, except KonyoKonyo blacksmiths, know the word for "bellows" in Juba Arabic, the blacksmiths themselves know it very well.

This criterion means that the vocabulary of this dictionary exceeds the vocabulary of the average speaker of Juba Arabic but is hopefully an approximation to the community's collective vocabulary. The user of the dictionary seeking to learn Juba Arabic should at first concentrate on developing a basic vocabulary rather than an elaborate one. Concentration on the words which are commonly used will lead to rapid progress. As is common in all languages the normal spoken vocabulary of people is smaller than that which they understand. Some words which are generally understood are infrequently used except in particular special phrases.

Language is a living evolving form. No doubt in the twenty years that Juba has been a garrison town largely cut off from much of the rest of the south, there have been changes on both sides of the front line. There has been no opportunity to update for such changes. Those with suggestions for additions and changes are welcome to send them by email to iansmith29@hotmail.com

The reader is recommended to read and study the phonetic system thoroughly before embarking on the use of the dictionary. The grammatical introduction is intended to assist the learner but is a short sketch and no substitute for lessons, practice and listening to speakers of the language.

It should be noted that the Juba Arabic-English side of the dictionary is ordered according to the English alphabet. When looking for a word, which you have heard do not despair if you cannot find it immediately. Pronounciations of Juba Arabic vary, for example, many speakers confuse "s" and "sh" sounds, "h" is often dropped and some people, usually in the countryside, place a short vowel between any two consonants standing together. Thus, when searching for a word, you should scan the appropriate letter fairly widely in order to be sure of finding the word you desire. For example, you may hear the word "asiribu" but you will not find it written in the dictionary. However, concentrating on the first vowel and the consonants you should eventually identify "ashrabu" (to drink) which is the normal Juba town pronounciation of the same word. With verbs remember to exclude the tense prefixes "bi", "gi" and "kan" (see the Grammatical Introduction Sect. 5.1) before commencing your word search.

The production of this dictionary was the culmination of much work by a large number of people. We would like to thank, Dick Watson, Veli Vopio and John Arensen of SIL for their encouragement, advice and technical assistance; Barry Sesnan who gave advice on the phonetic and grammatical sections; and Theresa Inyaa and Lucy Awate for their secretarial services. Others whose help should be mentioned are John Lado, Zakaria Lemi Tombe, Fidenzia Pittia, Ruta Dinyangos , Kristina Belknap, the late Greg Foidio, Gordon Tikiba, Rachel Alija, Ben Kator and Suzanne Zakaria. Thanks is offered to the many others who helped in small ways by their interest, encouragement and suggestions.

## Grammatical abreviations used in this dictionary

| | | |
|---|---|---|
| **n** noun | **part** participle | **coll** collective |
| **v** verb | **n.pl** plural noun | **neg** negative |
| **vi** intransitive verb | **adj** adjective | **conj** conjunction |
| **vt** transitive verb | **adv** adverb | **phras** phrase |
| **eg** example | **comp** comparative | **pron** pronoun |
| **interrog** interrogative | **imp** imperative | **rel** relative |
| **prep** preposition | | |

# MUGEDIMA (KELAAM AL AWAL)

Nina katib kitaab de ashan huwa bi-sadu nas al der alim Ingliizi awa Arabi Juba. Nina katib kalaam hini le nas al ma arif Ingliizi awa arif Ingliizi shweya bes. Hawal agra kalaam al awal de, ashan kan ità amilu kida, ita bi-fahim nizaam ta kitaab de ahsen. Nas bi-nadi kitaab ze kitaab de, kamuus bi Arabi gowi. Yani kitaab al endu kelimaat katiir, maa mana bitoman sawa. Zaman zol gi-alim rotaan jediid kamuus bi-sadu ashan zol de bi-ligu kelimaat fogo al huwa lisa ma arif.

Istaamil kitaab de kida. Kan ita der fetish kelma jediid ta Ingliizi, fetish kelma ta Arabi Juba al ita der terjim wa ita bi-ligu mana to bi Ingliizi. Kan ita agra haja ta Ingliizi al ita ma fahim, fetish kelma Ingliizi de wa ita bi-ligu mana to bi Arabi Juba. Kan ita deer terjim le Ingliizi ita bi-fetish fi gisma ta kelimaat ta Arabi Juba awal. Kan ita der terjim le Arabi Juba ita bi-fetish fi gisma ta kelimaat ta Ingliizi awal.

Rutba ta kelimaat fi kamuus de gi-ruwa bi nizaam ta huruuf ta Ingliizi. Kan ita ma arif nizaam de agra wa alim hasa de:

a b c d e f g h i j k l m n o p q r s t u v w x y z

Sala human fi gisma al endu kelimaat ta Ingliizi awal, awa fi gisma al endu kelimaat ta Arabi Juba awal, rutba ta kelimaat gi-ruwa bi nefsa nizaam. Kan ita der fetish kelma, ita bi-fetish bi nizaam ta huruuf al fi kelma de. Kan de awal mara ita agra kamuus, ainu misaal ta taftiish. Amilu tamriin maa misaal tihit wa shuf kan ita agdar ligu kelma al mustaamil fi misaal fi mahaal bito fi kitaab de.

Misaal 1: Taftiish ta kelma ta Ingliizi "colour"

Kan ita ligu kelma ta Ingliizi al ita ma arif, masalan, "colour" lazim:

- fetish fi gisma ta "English-Juba Arabic" awal

- badeen sibu kelimaat al bada maa "a" wa "b"

- ruwa le waraga maa al awal kelma maa "c"

- sibu kelimaat al bada maa "ca", "ce", "ch","ci" lehaadi ita woselu le "co"

- hasa de ita gariib, sibu kelimaat al bada maa "coa", "cob" lehaadi ita wosulu le "col" bi nefsa tariiga ita bi-woselu le "colo" "colou" wa kalaas

- le "colour". Ita bi-ligu mana to bi Arabi Juba "lon"

# Misaal 2: Taftish ta kelma ta Arabi Juba … "fas"

- Fetish gisma ta Arabi Juba-Ingliizi awal
- badeen sibu kelimaat al bada maa "a", "b","c", "d", "e"
- taban ita bi-woselu le "f" wa, fi nefsa wokit, "fa" ashan "a" awal harif fi rutba.
- Hasa ita bi-ligu "fas" fi al akir ta kelimaat al bada maa "fa" ashan "s" gariib fi akir huruuf fi rutba.

Ita bi-ainu min misaal fok de, mafruut ita bi-arif nizaam ta rutba al huruuf ta Ingliizi. Kan ita ma arif de kweys, amilu tamriin maa wahid min ashaab taki al arif huruuf ta Ingliizi kweys.

———

Kan ita ligu kelma ta Ingliizi al ita fetish, mata wogif taftiish taki hini. Juba Arabi b-istaamil nefsa kelma fi mahalaat barau barau. Ita bi-arifu ferik ta mana ta kelma de min now ta kalaam al fi fogo bes. Lakiin, ita bi-ligu Ingliizi endu kelimaat futu Juba Arabi. Wahid kelma maksuus le kalaam wahid. Tani maksuus le kalaam tani.

Masalan, kan ita ligu kelma ta Ingliizi "bother" fi kitaab de. Tawaali ita bi-agra mana to bi Juba Arabi "azibu". Lakiin fi ferik beyn kelimaat katiir ta Ingliizi al sawa maa "azibu". Malsalan kan ita gasid nas gi-dugu gisim ta zol tani ashan human deer huwa bi-worii sir le-oman, "bother" ma bi-amfa, kalaam kida awz kelima tani baru yani "torture",

They tortured him until he told them the secret

(Human azib-o lehaadi huwa worii le-oman sir)

Bil aks "torture" ma bi-amfa kan ita gasid zol gi-amilu le ita izaaj besit, kalaam kida awz "bother". Masalan:

That dog is bothering me

(Kelib de gi-amilu le ana izaaj) awa (Kelib de gi-azib ana)

Zekir kalaam de kweys. Fetish kelma ta Ingliizi, al ita ma arif awal, badeen fetish kelma ta Juba Arabi al ita ligu fi mahaal to. Hinak fi gisma ta Juba Arabi ita bi-ligu mana maksuus ta kelma ta Ingliizi al ita fetish awal.

———

Gabli ita bada istaamil kitaab de, lazim ita agra gisma wahid. De gisma al bi-fahim ita "Sot ta huruuf mustaamil fi kitaab de". Gisma de, huwa al gisma al tani badi de. Agra gisma de badeen amilu tamriin ta sot ma sabi taki al arif Ingliizi. Asalu sabi taki kan ita jibu sot kweys ta kelimaat ta Ingliizi wala la. Kan ita fahim gisma de ita bi-agdar agra aya haja maktuub bi Arabi Juba fi kitaab de.

Lakiin mata kabas nefsa taki maa kalaam ta sot fi taftiish ta kelimaat. Zekir fi nutug muktelif maa nas ta januub. Masalan nas Bari katiir ligu "z" saab. Badi maraat human b-istaamil "j" fi mahaal ta "z". Nas ahaali gi-zidu huruuf. Badi maraat human kutu "i" fogo. Nefsa kelma endu tariiga katiir ta nutug, masalan

ashrab — ashrabu — asrubu — asirubu                = drink

zidu ——— jidu                                 = increase

Mata fikir kan ita ma ligu kelma fi gisma ta Arabi Juba gwam, mana to kelma de mafi. Imkin kitaab de g-istaamil nutug barau min de al ita arif. Maleesh, de kalaam ta aya rotaan al ma maktuub. Giraiya ta kamuus de awz zol al bi-fetlsh tabaan.

———-

Badeen mata fikir Ingliizi gi-ruwa bi nefsa tariiga ta Arabi Juba. Ainu misaal tihit:

"De kelib sugeer" Terjima adiil bi-jibu "This dog small" lakiin de Ingliizi galat.

Bi Ingliizi kweys ita bi-kelim "This is a small dog" Kelimaat "is" wa "a" muhiim kalis bi Ingliizi lakiin mafi bi Arabi Juba.

Fi hajaat barau ketiir kida. Ita lazim arif-oman shweya gabli ita bi-ligu ahsen maksab min kitaab de. Ainu haja tani. Bi Arabi Juba kelimaat al bi-worii le ita al haja al nas gi-amilu, masalan "shilu, arif, agra"

Kelimaat de sabit, ma bi-geru nefsa toman. Kan ita der geru wokit al nas gi-amilu haja ita bi-zidu "gi" "bi" awa "kan", masalan.

gi-shilu, bi-arifu, kan agra

Lakin fi Ingliizi fi kelimaat al bi-geru nefsa toman kulu kan muda ta kalaam, geeru: masalan,

"teach" wa "taught" nefsa kelima, bes muda ta kalaam toman barau.

Fi kitaab de, kan ita feetish "taught" ita bi-ligu "see teach" yani ainu "teach". Kitaab de ma bi-deris ita Ingliiz. De shugul ta madraasa awa kitaab tani awa musayida min as-haab taki. Lakiin kan ita gi-hawal alim Ingliizi kitaab de bi-sadu shugul bitak.

# THE PHONETIC SYSTEM

The phonetic system is based on the normal English alphabet without so far as possible the addition of extra symbols. The resulting scheme does not represent a perfect reflection of either language. It was decided to adopt this approximate approach for the benefit of simplicity. It was felt that unfamiliar symbols would present problems for users with a low level of formal education. In addition, there are a wide variety of pronunciations of Juba Arabic according to the speaker's first language and, as such, a standard pronounciation is unlikely to be developed in the near future.

In the illustrations to the phonetic system given below the actual English spelling of the word is shown in brackets after the phonetic spelling. Sounds not used in Juba Arabic are marked with E.O. (English Only)

## Consonants

| | |
|---|---|
| b | buk (book), trabl (trouble) |
| ch | chek (check), kach (catch) E.O. |
| d | du (do), æd (add) |
| dh | dha (the), kloodhz (clothes) E.O. |
| f | fæt (fat), kof (cough) |
| g | giv (give), dig (dig) |
| h | hæv (have), a'hed (ahead) |
| j | job (job), laaj (large) |
| k | kæt (cat), sæk (sack) |
| l | lok (lock), pool (pole) |
| m | mæn,(man), him (him) |
| n | noot(note), men (men) |
| ng | sing (sing), ræng (rang): |

in English this sound only appears at the end of a syllable but in African words borrowed by Juba Arabic it can also appear at the beginning of a syllable: e.g. "ngongo" meaning edible termite. A Sudanese friend can teach you how to produce this sound.

| nk | si<u>nk</u> (sink), tæ<u>nk</u> (tank;: |
|----|----|

it should be noted that when "n" and "k" appear at the end of a syllable the resulting sound is like "ng" plus "k", so that "sink" is said "sing+k", not "sin+ k". E.O.

| p | <u>p</u>ik (pick), hoo<u>p</u> (hope) E.O. |
|----|----|
| r | <u>r</u>ed (red), ka<u>r</u>i (carry) |
| s | <u>s</u>el (sell), mi<u>s</u> (miss) |
| sh | <u>sh</u>op (shop), kræ<u>sh</u> (crash) |
| t | <u>t</u>op (top), ho<u>t</u> (hot) |
| th | <u>th</u>ik (thick), klo<u>th</u> (cloth) E.O. |
| v | <u>v</u>eri (very), see<u>v</u> (save) E.O |
| w | <u>w</u>et (wet), hau<u>w</u> (how) |
| y | <u>y</u>uz (use), n<u>y</u>u (new) |
| z | <u>z</u>ipa (zipper), ii<u>z</u>i (easy) |
| zh | me<u>zh</u>a (measure), divi<u>zh</u>on (division) |

## English Vowels

| a | the single "a" covers the sound of the vowel in all of the following examples: "<u>a</u>nd<u>a</u>" (under)", "b<u>a</u>t (but)", "tr<u>a</u>bl" (trouble)", "d<u>a</u>z (does)". |
|----|----|
| æ | f<u>æ</u>t (fat), m<u>æ</u>p (map) |
| a: | f<u>a:</u>st (first), b<u>a:</u>st (burst) E.O. |
| aa | f<u>aa</u>st (fast), k<u>aa</u> (car) |
| e | g<u>e</u>t (get), m<u>e</u>t (met): in English (but not in Juba Arabic) there is also a weak "e" such as the "e" in "vowel" or the second "e" in "seven". However, as the pronunciation of English in most parts of Africa does not leave these vowels weak, it was decided to allow the speaker to pronounce the weak vowel in its clear form. |
| ee | g<u>ee</u>t (gate), l<u>ee</u>t (late) |
| i | s<u>i</u>t (sit), l<u>i</u>d (lid) |
| ii | s<u>ii</u>t (seat), m<u>ii</u>t (meat) |

| | |
|---|---|
| o | r<u>o</u>t (rot), n<u>o</u>t (not) |
| oo | r<u>oo</u>t (wrote), n<u>oo</u>t (note) |
| o: | th<u>o:</u>n (thorn), w<u>o:</u>m (warm) |
| u | f<u>u</u>t (foot), b<u>u</u>k ( book) |
| uu | ny<u>uu</u> (new), tr<u>uu</u>th (truth) |

## Juba Arabic Vowels

In general it is not possible to distinguish long and short vowels in Juba Arabic, as it is in English. Rather the difference is between stressed and unstressed vowels. Thus while every attempt has been made to keep the two phonetic systems comparable it is necessary to use a slightly different approach in explaining the vowels.

This dictionary uses a double vowel to indicate stress. The following rules of stress can be given.

1.     A double vowel is always stressed.

2.     In words with two or more syllables and no double vowel to indicate an alternative stressed syllable, the stress lies on the first vowel.

3.     The only exceptions to rule 2/ are where the word commences with "mu" or "musta". In such cases the stress lies with the next vowel unless a double vowel in a third or subsequent syllable overrides it or unless there is only one syllable after the "mu" in which case the normal rule 2/ is applied. The reasons for this exception may be explained in terms of Standard Arabic grammar but here you are asked simply to accept it.

Below is an introduction to the production of Juba Arabic vowels:

a     This should be pronounced in stressed vowels like the "a" in "car" rather than the "a" in "cat". In unstressed syllables the "a" takes on the qualities of the indistinct English vowel represented above by the single "a" e.g. trabl trouble)

e     This should be pronounced like the "e" in "best". Note that when it is followed by a "y" the combination becomes more like the long English "e" of "geet" (gate)

i     This should be pronounced somewhere between the" i" of "sit" and that of "siit" (seat). Inevitably when stressed it becomes a closer to the latter as it does when followed by "y".

o       This should be pronounced like the "o" in hot but elongated with slightly pursed lips when in the stressed position. The sound comes from further back in the throat than the English sound. When followed by a "w" it becomes almost like the long "o" of "know" but still remains further back in the throat.

u       This sound always has the quality of the long English "u" in "nyuu" (new) but is much shorter in unstressed syllables.

As you will gather from the above there is no reason why a double "a" should appear in the first syllable of a Juba Arabic word since, in the absence of a subsequent stressed syllable, it will be naturally stressed. However, you will find a few cases where "aa" does appear in such a position. This is to indicate a word where one can still hear traces of the "ain" (Ɛ)consonant of Standard Arabic which generally has been lost. The "ain" was produced by constricting the back of the throat. In Juba Arabic there are a few words where this is still discernable and these have been shown by the use of "aa" in an apparently inappropriate position. Have a Sudanese friend show you how to produce the correct sound.

## Diphthongs

ai       ra**i**s (rice), l**ai**t (light)

au       h**au**s (house), t**au**n (town)

oy       **oy**l (oil), b**oy**l (boil)

## Hyphens

There are cases where two vowels follow each other without any intervening consonant. In cases where this would cause confusion with a diphthong or a long vowel a hyphen is used to separate the vowels:

e.g. ba-uuda (mosquito), morfai-i (rake), na-im (soft)

Here the hyphen sometimes represents the glottal stop which is common in many forms of Arabic, but which has almost disappeared from Juba Arabic, or the "ain" (Ɛ) sound. The hyphen has also been used in words where a repeated syllable has equal weight with the preceding one or where a word is in effect a compound of two words:

e.g. da-da (childminder), kau-kau (chocolate), mutu-keli (durable or literally "leave it when you die")

## Stress

The stress in the phonetic representation of English words is shown by placing an apostrophe prior to the syllable to be stressed. This is illustrated by the examples below:

| | |
|---|---|
| to present | = pre'zent |
| a present | = 'present |
| account | = a'kaunt |
| accident | = 'aksident |

# SOT TA HURUUF AL MUSTAAMIL FI KITAAB DE

De gisma muhiim jiden. Lazim ita agra wa fahim gisma de kweys. Kan ita ma amilu kida, ita ma bi-fahim kitaab de kulu kulu.

Tihit hini, fi talaata saf. <u>Awal saf</u> endu kulu sot al mustaamil fi kitaab de. Fi sot maa wahid harif bes, wa fi sot maa itniin harif. Ita bi-ainu tihit fi sabatashara sot kida maa itniin harif

"aa, ai, au, ii, ng, uu, oy, sh"  ta Juba Arabi wa Ingliizi,

"ow"  ta Juba Arabi barau, wa

"a:, æ, ch, dh , nk , o:, oo, zh"  ta Ingllizi barau.

Zekir kelaam de kweys. Masalan, kan ita ainu "au" mata fikir de sot "a" badeen "u". Zekir kan human ja sawa human bikun endu sot wahid barau.

Fi <u>saf nimra itniin</u>, ita bi-ligu kelma ta Arabi Juba maa sot de fogo. Sot de endu kat tihit-o. Jamb kelma de ita bi-ligu mana to bi Ingliizi.

Fi <u>saf nimra talaata</u> ita bi-ligu kelma Ingliizi maa sot de fogo. Awal kelma fi saf de maktuub bi tariiga ta sot to. Jambo fi nefsa kelma maktuub bi tariiga ta kitaaba. Al akir kelima ta saf, fi yamiin, de mana ta kelma de bi Arabi Juba.

Kan, ita endu sabi al arif Ingliizi, asalu min sabi de, sot ta kelimaat Ingliizi. Huwa bi-agdar terjimu kelimaat ta Arabi Juba min kelimaat ta Ingliizi kan ita ma fahim kelimaat ta Arabi Juba tawaali.

| Sot/Huruuf | Kelimaat Arabi maa sot de (maa Ingliizi toman sawa) | Kelimat Ingliizi maa sot de (nizam ta kitaaba to, wa mana to bi Arabi Juba) |
|---|---|---|
| a | sa<u>ma</u>k (fish)<br>ga<u>la</u>m (pen) | p<u>a</u>mp (pump, tarumba)<br>an<u>da</u> (under, tihit) |
| aa | kit<u>aa</u>b (book)<br>sak<u>aa</u>na (heat)<br>kam<u>aa</u>n (also) | f<u>aa</u>st (fast, gwam)<br>h<u>aa</u>f (half, nus)<br>st<u>aa</u> (star, nijma) |
| æ | – | k<u>æ</u>t (cat, kadiis)<br>m<u>æ</u>t (mat, birish) |

| Sot/Huruuf | Kelimaat Arabi maa sot de (maa Ingliizi toman sawa) | Kelimat Ingliizi maa sot de (nizam ta kitaaba to, wa mana to bi Arabi Juba) |
|---|---|---|
| a: | - | wa:m (worm, dud)<br>fa:st (first, awal) |
| ai | aiwa (yes)<br>shai (tea) | taim (time, zaman)<br>lain (line, kat) |
| au | augu (hurt)<br>barau (alone) | haus (house, beyt)<br>saund (sound, sot) |
| b | bab (door) | boks (box, sanduug) |
| ch | - | chicken (chicken, jidaada) |
| d | dom (blood) | dog (dog, kelib) |
| dh | - | dhat (that, dak) |
| e | heta (wall) | net (net, sabaka) |
| ee | musteed (willing) | geet (gate, bab) |
| f | futu (leave) | faiya (fire, nar) |
| g | geni (sit) | gud (good, kweys) |
| h | hawa (air)<br>raha (rest) | hit (hit, dugu)<br>behaind (behind, wara) |
| i | ilba (can)<br>tiris (gear) | if (if, kan)<br>fil (fill, mala) |
| ii | kebiir (big)<br>miskiin (poor) | miit (meat, laham)<br>sii (see, ainu) |
| j | juwa (inside)<br>woj (face) | jag (jug, jag)<br>laaj (large, kebiir) |
| k | kiys (bag) | kil (kill, katalu) |
| l | leben (milk) | lift (lift, arfa) |
| m | mus (razor) | man (man, rajil) |
| n | nimra (number) | nyuu (new, jadiid) |
| ng | ngongo (flying termites) | bring (bring, jibu) |
| nk | - | tank (tank, hod) |
| o | loho (plank)<br>kom (pile) | hot (hot, sukun)<br>long (long, tawiil) |
| oo | - | noo (know, arifu)<br>koot (coat, kabuut) |
| o: | - | wo:rm (warm, dafi)<br>fo: (four, arba) |

| Sot/Huruuf | Kelimaat Arabi maa sot de (maa Ingliizi toman sawa) | Kelimat Ingliizi maa sot de (nizam ta kitaaba to, wa mana to bi Arabi Juba) |
|---|---|---|
| ow | dowru (walk) <br> gowi (hard) | - |
| oy | moya (water) <br> boya (paint) | oyl (oil, zeyt) <br> soyl (soil, turaab) |
| p | - | paip (pipe, masuura) |
| r | ras (head) | rok (rock, hajer) |
| s | Sim (poison) | soop (soap, sabuun) |
| sh | shimaal (north) | shuu (shoe, jizma) |
| t | tub (brick) | tel (tell, wori) |
| th | - | thing (thing, haja) |
| u | muk (brain) <br> bun (coffee) | buk (book, kitaab) <br> luk (look, ainu) |
| uu | Januub (south) <br> kanuun (stove) | shuut (shoot, darabu) <br> bluu (blue, zahari) |
| v | - | vyuu (view, manzar) |
| w | wala (light) | wiik (week, usbo) |
| y | miya (100) | yu (you, ita) |
| z | zekir (remember) | zip (zip, susta) |
| zh | - | mezha (measure, abaru) |

Badi maraat, ita bi-ligu "ai", "au" awa "aa" ja sawa fi kelma lakin sot toman barau barau, ma ze nizaam al ita agra gibeel. Kan haja kida hasil ita bi-arif min alaama "-" fi nus.

masalan:

| wahid sot | itniin sot |
|---|---|
| ainu (see) | na-im (soft) |
| auru (hurt) | ba-uuda (mosquito) |
| mahaal (place) | muta-akit (certain) |
| kashab (wood) | as-haab (friends) |

Badi maraat, fi Ingliizi, ita bi-agdar geru mana ta kelima, kan ita kelim nus ta kelima de bi gowa tutu nus tani de.

masalan,              "present" (wodii)

wa              "present" (hadiiya) endu sot barau-barau

Lazim ita bi-kutu gowa de fi nus ta kelima al sah. De haja muhiim fi Ingliizi. Fi kitaab de, ita bi-arifu nus ta kelma al ita bi-kelim maa gowa min alaama " ' ", gidaam nus de.

"pre'zent" (wodii)

wa                    "prezent" :hadiiya).

Nina istaamil tariiga de fi kitaaba ta sot ta kelimat ta Ingliizii bes.

# DICTIONARY SECTION

## ENGLISH – JUBA ARABIC

The entries in this section of the dictionary are arranged in the following manner from left to right:

**English word**, (English phonetics) :part of speech: .. qualifying comment **Juba Arabic equivalent** (and where applicable the **Juba Arabic plural**) eg. underneath some entries there are illustrative sentences starting with the Juba Arabic version and followed by an English translation.

**abandoned thing** (a'bandond thing):n: .... a place or possession **baibai**

be **able** (bi 'eebal) :vi: **agdar**

**abolish** (a'bolish) :vt: **balasu**

**abort** (a'bo:t) :vt: .... a foetus **nenzil jena**

**about** (a'baut) :adv: .... nearly **geriib**

**above** (a'bav) :adv, prep: **fok min**

**absent** ('æbsent') : adj: **maaduum, ma beyn**

**absorb** ('abzo:b) :vt: **juru**

**accelerator** (ak'selareeto:) :n: **abaanj**

**accent** ('æksent) :n: **nutug**

**accept** (æk'sept) :vt: **rudu**

**accident** ('æksident) :n: **hadis**

**accompany** (a'kampani) :vt: **gedim, ruwa sawa**

**according to** (a'ko:ding) :adv: **bi nizba le**

**accountant** (a'kauntant) :n: **hasib**

**account** (a'kaunts) :n: **hisaab (hisabaat)**

**accuse** (a'kyuuz) :vt: **isteki**

**aching of the joints** (eeking of dha joints) :n.phrase: **ratuuba**

**acquit** (a'kwit) :vt: **tala barii**

**actor** (ækto:) :n: **mumesil**

**actress** ('æktres) :n: **mumesila**

**actually** ('æktyuli) :adv: **feylan**

**adapt to** (a'dæpt tu) :vt: **wolif**

**add** (æd) :vt: .... increase **zidu**

**add** (æd) :vt: .... count **idu**

**address** (a'dres) :n: **unwaan**

**adjust** (a'jast) :vt: **istaadil, wozenu**

**administration** (admini'streeshan) :n: **idaara**

**admit** (ad'mit) :vt: .... into hospital **ragidu**

**admitted** (ad'mited) :part: **muragid**

**adolescent** ( ædo'lesant) :n: **shab (shabaab)**

**adult** ('ædalt) :adj: **kebiir**

**adulterated** (a'daltareeted) :adj: **ma saafi**

**advance** (ad'vaans) :n: .... of money **mugadam, arbuun**

**advertisement** (ad'va:tisment): n: **di-aya**

**advice** (ad'vais) :n: **nasiiha**

**advise** (ad'vaiz) :vt: **fahim**

**aeroplane** ('eyrapleen) :n: **tiyaara**

be **afraid** (bi a'freed) :vt: **kafu**

**after** ('aafta) :pron: **badi**

**afterbirth** ('aaftaba:th) :n: **tabiiya, kiys ta jena**

**afternoon** ('aaftanun) :n: .... after lunch **badi gada**

**afterwards** ('aaftawa:dz) :adv: **badeen**

**again** (a'geen) :adv: **tani**

**age** (eej) :n: **umur**

**age mate** (eej meet) :n: **dufa**

**agency** ('eejensi) :n: .... foreign aid **munazima**

**agency** ('eejensi) :n: .... commercial **wokaala**

**agent** ('eejant) :n: **wakiil**

**agree** to (a'grii tu) :vt: **rudu**

**aqreement** (a'griiment) :n: **tifagiiya**

make an **agreement** (meek an a'griiment) :vi: **tofugu**

**agriculture** (ægri'kalcha) :n: **ziraa**

**ahead** (a'hed) :adv: **gidaam**

**air** (eya) :n: **hawa**

**alcohol** ('ælka'hol) :n: **meriisa**

**alive**(a'laiv) :adj: **hai, ayish**

**all** (o:l) :adj,adv,n: ... contrast with "every" **kulu** eg: yom kulu / all day

**allergy** ('ælajii) :n: **hasasiiya**

**allow** (a'lau) :'vt: **rudu le**

**allow** (a'lau) :imp: **keli**

**almost** ('o:lmoost) :adv: **geriib**

**alone** (a'loon) :adv: **barau**

**alphabet** ('ælfa'bet) :n: **abjad**

**also** ('o:lsoo) :adv: **kamaan, bardu, zatu**

**always** ('o:lweez) :adv: **daiman, kulu yom**

**amazing** (a'meezinq) :adj: **ajiib**

**ambush** ('æmbush) :n: **kamiin**

**anaemia** (a'niimiya) :n: **dof dom**

2

anaesthetic ('ænisthetik) :adj: **banij**

ancestors ('ænsesta:z) :n.pl: **abuhaat, ajdaad**

and (ænd) :conj: **wa, uw**

angel ('eenjel) :n: **malaika**

anger ('ængga) :n: **zal**

angry ('ænggri) :adj: **takiyaan, zalaan**

animal ('ænimal) :n: **haywaan**

annoy (a'noy) :vt: **azib**

be annoying (be a'noying) :vi: **amilu izaaj**

another (a'natha) :adj: **tani**

answer (aansa) :v: **rudu, jawabu**

answer (aansa) :n: **jawaab, rad**

black ant (blak ænt) :n: **nimil**

white ant (wait ænt) :n: **arda**

ant hill (ænt hil) :n: **gonduur**

anus ('eenas) :n: **giniita**

anxious ('ænkshas) :adj: **galgaan**

any (enii) :adj: **aya**

apart from (a'paat from) : adv: **bara min**

apparatus (æpa'reetas) :n: **jihaaz**

appeal (a'piil) :n: ....legal **ariida**

appear (a'piiya) :vi: **zahir, beyn**

appendix(a'pendiks) :n: **zaida**

appetite ('æpatait) : n: **niya**

application (æpli'keeshon) :n: **talab**

appointment (a'poyntment) :n:.... pre-arranged meeting time **moyiid**

approach (a'prooch) :v: **woselu geriib**

approval (a'pruuval) :n: **tesdiig, muwofaga**

apron ('eepran) :n: **meriyala**

approximately (a'proksimatli) :adj: **tagriiban**

Arabic ('ærabik) :n,adj: **Arabi**

archway ('aachwee) :n: **bwaba**

area ('eeriya) :n: **mantiga, misaaha**

argue (aagyu) :v: **nagishu**

argument (aagyument) :n: .... with anger **koreraak**

argument ('aagyument) :n: **munagisha**

arithmetic (a'rithma'tik) :n: **hisaab**

arm (aam) :n: **ida (ideen)**

arms (aamz) :n:.... weapons **silaa**

army ('aami) :n: **jesh**

aroma (a'rooma) :n: **riyha**

arrange (a'reenj) :vt: .... put in order **amilu nizaam**

arranged (a'reenjd) :part: **muratib**

arrangement (a'reenjment) : n: .... system or layout **nizaam**

**arrangement** (a'reenjment) :
n: ....contract **muratib**

**arrears** (a'riiyaz) :n: **furugaat**

**arrest** (a'rest) :vt: **gobedu**

**arrive at** (a'raiv æt) :vt: **woselu**

**arrogant** ('ærogant) :adj:
**mutakabir**

**arrow** ('æroo) :n: **nishaab**

**artillery** (aa'tilari) :n: **mudfaa-
iya**

**as** (æz) : adv, conj : **ze**

**as big as** (æz big æz) :phras: ....
see Juba Arabic grammar 2:6
**gadaru**

**as well** (æz'wel) :adv: **zatu,
bardu, kamaan**

**ash** (æsh) :n: **rimaad**

**ashtray** (æshtree) :n: **tifaiya**

**ask** (aask) :vt: **asalu**

**asleep** (a'sliip) :part: **nayim**

**asphalt** ('æsfalt) :n: **zift**

**assemble** (a'sembal ) :vt: ....
equipment or a construction
**rekibu**

**assist** (a'sist) :vt: **sadu, sayidu**

**assistance** (a'sistans) :n: **musada**

**assistant** (a'sistant) :n: **musayid**

**astonished** (a'stonishd) :part:
**mustaagrab**

**ate** (eet).... see "eat"

**attack** (a'tæk) :n: **hajuum**

**attack** (a'tæk) :vt: **hajimu**

**attempt** (a'tempt) :n: **tejiriba,
muhawala**

**attempt** (a'tempt) :v: **jeribu**

**attend** (a'tend) :v: **hadir**

**attention** (a'tenshon) :n: **intibaa**

**aubergine** ('oobazhiin) :n:
**aswad**

**aunt** (aant) :n:.... mother's sister
**ukut uma, kalti**

**aunt** (aant) :n:.... father's sister
**akaraa, ukut abu**

**authority** (o:'thoriti) :n: **sulta**

**available** (a'veelabl) :adj:
**mojuud**

**average** ('ævarij) :adj:
**mutawasit, nus-nus**

**aversion** (a'va:shan) :n:
**karahiiya**

**axe** (æks) :n: **fas, balta**

**axle** (æksal) :n: **amuud**

4

baboon (ba'buun) :n:  **girid**

baby ('beebi) :n:  **jena, nyirikuuk, bebi (iyaal)**

baby's bottle ('beebiz botel) :n: **biza**

bachelor ('bæchelo:) :n:  **azaaba**

back (bæk) :n:  **dahar**

back to front (bæk tu frant) :adv: **magluub**

backwards (bækwo:dz) :adv:  le **wara**

bad (bæd) :adj:…. putrid or rotten **afin**

bad (bæd) :adj: …. worse than "bataal"  **kaab**

bad (bæd) :adj, adv:  **"bataal" kaab**

bad tempered (bad tempad) :adj: **aklag deyig, aklag shen**

bag (bæg) :n: …. of strong material **shanta**

bag (bæg) :n: …. of paper or thin plastic **kiys**

baggage ('bægij) :n.pl:  **afash**

bail (beel) :n:  **damaana**

bail (beel) :vt: **damanu**

bake (beek) :vt:  **rokabu fi furn**

balance ('bælans) :n:…. for weighing  **mizaan**

balance ('bælans) :n: …. a remainder  **bagi**

bald patch (bo:ld pætch) :n: **sala**

bald person (bo:ld pa:son) :n: abu **sala**

bale (beel) :n: …. of grass, reeds or bamboo **ras**

ball (bo:l) :n: **kura**

ball bearing (bo:l bering) :n:  **bili**

bamboo (bæm'buu) :n:  **gana**

ban from ( bæn from) :vt: **mana-u min**

banana (ba'naana) :n:  **muz, laboro**

bandage ('bændij) :n:  **rubaat**

bandage ('bændij) :vt:  lifu **rubaat**

banish ('bænish) :vt: **toruju**

bank (bænk) :n: …. of river **taraf bahar**

bank (bænk) :n: …. financial institution **banki**

bankrupt ('bænkrapt) :adj: **mufelis**

baptism ('bæptism) :n: **mamudiiya**

baptize ('bæptaiz) :vt:  **amidu**

baptizer ('bæptaiza) :n: **muamidaan**

**bar** (baa) :n: …. selling manufactured alcohol **bar**

**bar** (baa) :n: …. selling locally made drinks **andaaya**

**barber** ('baaba) :n: **halaag**

**bare** ('beeya) :adj: …. empty **fadi**

**bare** ('beeya) :adj: …. naked **ariyaan**

**bare footed** ('beeya 'futed) :adj, adv: **hafiyaan**

**bargain with** ('baagen widh) :vt: **ningning maa**

**barge** (baaj) :n: **sendal**

**bark** (baak) :n: …. of tree **gishir**

**barracks** ('bæraks) :n: **muwaskar**

**barrel** ('bærel) :n: **barmiil**

**barren person** ('bæren 'pa:son): n: **luti, agir**

**base** (bees) :n: **asaas**

**basin** ('beesin) :n: **teshit**

**basis** ('beesis) :n: **asaas**

**basket** ('baasket) :n: **gufa**

**bastard** ('baasta:d) :n: **jena haraami**

**bat** (bæt) :n: **watwat**

**bath** (baath) :vt: **beredu**

take a **bath** (teek a baath) :vi: **beredu**

**bathing place** ('beething plees): n: …. in the compound of a house **mahaal hamaam**

**battery** ('bætari) :n: …. multicell device such as that used in vehicles **batariiya**

**battery** ('bætari) :n: …. dry cells used in torches etc. **hojaar**

**battle** ('bætal) :n: **dusmaan**

**bayonet** (beeyo'net) :n: **songkii**

be **left** (bi'left) :vi: …. to remain **fadal, bagi**

**bead** (biid) :n: **suksuk**

**beak** (biik.) :n: **minkaar**

**bear** ('beeya) :vt: …. give birth to **wolidu**

**beard** ('biiyad) :n: **digin**

**bearded person** ('biiyadid pa:son) :n: abu **digin**

**beat** (biit) :vt: …. overcome **gelibu**

**beat** (biit) :vt: …. hit **dugu**

**beautiful** ('byuutifal) :adj: **giyaafa, jamiil**

more **beautiful** (mo: byuutifal): comp.adj: **ajmal**

**because** (bi'koz) :adv, conj: **ashan,le-aano**

**because of that** (bi'koz ov dhat): phra: **ashan kida**

**become** (bi'kam) :vi: **biga, baga**

**bed** (bed) :n: **seriir**

**bed** (bed) :n: …. made of wood and strips of hide **anggreb**

**bed bug** (bed bag) :n: **morgoot** .

**bee** (bii) :n:**dubaan asil**

**beef** (biif) :n:    **laham bagara**

**beer** ('biiya) :n: ....  locally produced    **meriisa**

**beer** (' biiya) :n: ....  tinned or bottled    **bira**

**before** (bi'fo:) :prep, conj: **gabli**

**beg** (bega) :vi:    **sahat**

**began** (bi'gæn) ....  see    "begin"

**beggar** ('bega) :n:    **sahaat**

**begin** (ba'gin) :vi:    **abidu, bada, gum, tede**

**behaviour** (bi'heevya) :n: .... used when refering to strange or unpleaseant behaviour **harakaat**

**behind** (ba'haind) :prep,adv: **wara**

**belch** (belch) :n:    **tara**

**believe** (ba'liiv) :vi: ....  accept as true    **sedik**

**believer** (ba'liiva) :n: **mumin**

**bell** (bel) :n: **jeres**

**bellows** (' belooz) : n: **girba**

**belly** ('beli) :n:  **batana, kirsha**

**belongings** (ba'longingz) :n.pl: **afash**

**below** (ba'loo) :adv: **tihit**

**bench** (bench)  :n: **kanaba**

**bend** (bend) :vt: **melu**

**bend down** (bend daun) :vi: **denggir**

**beneath** (ba'niith) :adv,prep: **tihit**

**benefit** ('benefit) :n: **faida**

**benefit** ('benefit) :vi: **istafiid**

**bent** (bent) :adj: **melaan**

**bent** (bent) ....  see "bend"

**beside** (ba'said) :prep: **jamb, geriib le, geriib maa**

**best** (best) :adj,n: al **ahsen** , al **kweys**

**bet** (bet) :n: **sharuut**

**betray** (bi'tree) :vt:  **byu bara, amilu kiyana**

**better** ('beta) :adj:  **ahsen**

**better** ('beta) :adv:  .... one's wiser course  **akeer** eg: akeer ana mutu min ji-aan min ana bi-seregu (better die from hunger than steal)

**between** (ba'tween) :prep:  **beyn**

**bewitch** (ba'wich) :vt: **saar**

**beyond** (bi'yond) :prep: **wara**

**Bible** ('baibal) :n: **Kitaab al Mukadas**

**bicycle** (baisikl) :n: **ajala**

**big** (big) :adj: **kebiir**

**bigger** ('biga) :comp.adj: **akbar**

**bilharzia** (bil'haaziiya) :n: **bilhaarziya**

**bill** (bil) :n:  .... of account **fatuura**

**bind** (baind)  :vt:  .... tying of a person or wound  **robutu**

7

biology (bai-'oloji) :n: **ahya**

bird (ba:d) :n:  **ter (tiyuur)**

biro ('bairoo) :n:  **galam nashif**

birthday ('ba:thdee) :n: **yom melaad**

biscuit ('biskit) :n:  **biskwiit**

bit (bit) :n:  **haba**

bit and brace (bit ænd brees) :n: **bariima**

bite (bait) :v:  **adi**

bitter ('bita) :adj: .... unpleasant and sour tasting  **mor**

bitter ('bita) :adj: .... but pleasant in taste **hamud**

be bitter (bi 'bita) :vi: .... sentiment  **tamam**

bizarre (bi'zaa) :adj:  **awiir**

black (blæk) :adj,n:  **aswad**

blackboard ('blæbo:d) :n: **sabuura**

blacksmith ('blæksmith) :n: **hadaad**

blame (bleem) :vt:  **korekore maa**

blanket ('blænket) :n:  bataniiya

bleed  .... in Juba Arabic one say's "the blood came out (tala) or spilt (kubu)" eg: he bled for an hour / dom to tala wahid sa

blew (bluu) ....  see "blow"

blind (blaind) :adj:  **amiyaan**

blood (blad) :n: **dom**

high **blood pressure** (hai blad presha) :n: **dakt ta dom**

blood vessel ('blad 'vesel): n: **irig (uruug)**

blouse (blaus) :n:  **blusa**

blow up (b1oo ap) :vt: .... with air **afaku**

blow up (bloo ap) :vt: .... with explosives  **fejiru**

blue (bluu) :adj, n:  **zahari**

light **blue** (lait b1uu) :adj, n: **lebeni**

board (bo:d) :n: .... piece of timber  **loho**

boarding ('bo:ding) :n, adj: .... residential  **dakliiya**

boat (boot) :n:  **murkab**

bobbin ('bobin) :n:  **kɛzana**

body ('bodi) :n:  **gisim**

bogey ('boogi) :n: .... something of which small children are or should be afraid of  **ko-ko**

boil (boyl) :n: ....  on the skin **hibin**

boil (boy1) :v:  **furu**

bolt (boolt) :n: .... of door **tirbaas**

bomb (bom) :n:  **gumbala**

bomb (bom) :vt: ....  from an aeroplane  dugu maa **gumbala,** arimu maa **gumbala**

nuclear **bomb** (nyukliya born) :n: **gumbala zuriiya**

8

bone (boon) :n: **adum (odaam)**

book (buk) :n: **kitaab (kutub)**

book (buk) :v:**hajis**

exercise **book** ('eksasaiz buk) :
  n:   **karaas**

**bookshop** ('bukshop) :n:
  **maktaba**

boot (buut) :n:   .... styl of
  footwear   **jizma**

border ('bo:da) :n: **hiduud**

bore (bo:) see "bear"

bore (bo:) :vt:   .... a hole
  **hafiru**

bored (bo:d) :adj:   .... wearied
  by tedium   **zahjaan**

boring ('bo:ring) :adj:  **baiyik**

was **born** (woz bo:n) :vi:
  **woliduu, mawluud**

borrow ('boroo) :vt:   **deynu**

boss (bos) :voc: **siyato**

both (booth) :pron: **kulu itniin**

bother ('bodha) :vt: **azibu**

bottle ('botal) :n: **gizaaza**

bottle top ('botal top):n: **kuta**

bound (baund) .... see "bind"

bow (boo) :n:**danga**

bowl (bool) :n: .... for food **kora**

washing **bowl** ('woshing bool) :n:
  **teshit**

box (boks) :n:   .... usually of
  tin or wood **sanduug**

box (box) :n:   .... small carton
  **ilba**

box (boks) :vt: **dugu maa
  buniya, dugu boks**

boy (boy) :n:   .... used by grown
  men when refering to an
  adolescent **bonjuus**

boy (boy) :n:  **woled (awlaad)**

boyfriend ('boyfrend) :n:   **habiib**

bra (braa) :n: **sutiyaan**

brackets ('brækets) :n.pl:   ....
  parentheses  **kos**

brain (breen) :n: **muk**

brake (breek) :n: **farmala**

brake (breek) :vi: **dusu farmala**

brandy ('brændi) :n: **konyaak**

brave (breev) :adj: **shujaa**

brawl (bro:l) :n: **dusmaan**

brazier ('breeziya) :n: **kanuun**

bread (bred) :n: .... loaf of
  **rakiif**

bread (bred) :n: **esh**

break (breek) :v: **kasaru**

break (breek) :v: .... a spherical
  object  **faga**

breakfast ('brekfast) :n: **fatuur**

breast (brest) :n: **sudur**

breast feed (brest fiid) :v:**rada**

breath (breth) :n: **nafas**

breathe (briidh) :vi: **nafasu**

breeze :briiz: :n: **tarauwa,
  nasiim**

9

**bribe** (braib) :n: **rishwa**

**brick** (brik) :n:**tub**

**bride** (braid) :n:**aruus**

**bridegroom** ('braidgrum) : n:**ariis**

**bridge** (brij) :n: **kubri, gantara**

be **bright** (bi brait) :vi: .... of colour **lama**

**bring** (bring) :vt: **jibu**

**bring back** (bring bæk) :vt: **raja**

**bring near** (bring niiya) :vt: **midu**

**bring out** (bring aut) :vt: **tala**

**bring up** (bring ap) :vt: .... rear **raba**

**broad** (bro:d) :adj: **waasi**

**broke** (brook) :adj: .... without money **mufelis**

**broke** (brook) .... see "break"

**broken** ('brooken) :adj: **maksuur**

**bronze** (bronz) :n: **bronz**

**broom** (brum) :n: **mugshasha**

**brother** ('bradha) :n: **aku (akwaana)**

**brought** (bro:t) .... see "bring"

**brown** (braun) :adj,n: **buni**

**brush** (brash) :n: .... with short hairs such as a toothbrush or paint brush **fursha**

**brush** (brash) :vt: .... sweep **gushu**

**brush** (brash) :vt: vigorously rub object such as shoes or teeth **adako**

**brushwood** ('brashwud) :n: .... thin many branched sticks used in constructing mud walls **dastiir**

**bucket** ('baket) :n: **jerdal**

**buckle** ('bakal) :n: abu **zeyn**

**budget** ('badget) :n: **mizaniiya**

**buffalo** ('bafaloo) :n: **jamuus**

**bugle** ('byugal) :n: **baruugi**

**build** (bild) :v: **abinu**

**building** ('bilding) :part: **buna**

**bull** (bul) :n: **towr**

**bullet** ('bulet) :n: **talaga**

**bumps** (bamps) :n.pl: .... on a road **dagdag**

**bundle** ('bandal) :n: .... of clothes **taga**

**bundle** ('bandal) :n: .... of grass, reeds etc **ras**

**burn** (ba:n) :vt: **haragu**

**burnt** (ba:nt) .... see "burn"

**burst** (ba:st) :v: **faga**

**bury** ('beri) :vt: **dofanu**

**bus** (bas) :n: **bas**

**bus park** (bas park) :n: **mahaata**

**bush** (bush) :n: .... the non-urban areas **gaba**

bushbuck ('bushbak) :n: abu nabah

business ('biznes) :n: …. trade or commerce   tijaara

busy (bizi) :n: mashguul

but (bat) :conj: lakiin

butter ('bata) :n: zibda

clarified butter ('klærifaid 'bata) :n: semin

butterfly ('bataflai) :n: faraasha

buttocks ('bataks) :n: jabaat

button ('batan) :n: ziraara

buy (bai) :vt: ishteri, byu

buzzard (baza:d) :n: sogur

by (bai) :prep,adv: …. near geriib le, geriib maa

by (bai) :prep: …. through the agency of   bi, maa

by (bai) :prep: …. referring to dimensions or multiplication   fi

# C c

c.c. (siisii) :n: …. cubic centimetre   si-si

cabbage ('kæbij) :n:   kuruum

cadet (ka'det) :n:   mustajiid

cage (keej) :n:   gafas

cake (keek) :n:   kak

calculation (kælkyu'leeshon) :n: hisaab

calendar ('kælenda) :n: natiija

call (ko:l) :vt:   nadi

calm (kaam) :adj: …. of a person's character   miskiin

calm down (kaam daun) :vt: hanisu

calm down (kaam daun) :vi: asbur

came (keem) …. see "come"

camel ('kæmal) :n: jamal

camera ('kæmara) :n: kamara

camp (kæmp) :n: muwaskar

can (kæn) :vi: agdar

can (kan) :n: ilba

canal (ka'næl) :n: kanaa

cancel ('kænsel) :vt: balasu

cancer ('kænsa) :n: …. disease suretaan

candle ('kændal) :n:   sheme

cane (keen) :n: …. stick used for punishing children sot

cane (keen) :n: a stick used for lashing people  kurbai

canoe (ka'nu) :n:   murkab

canvas ('kænvas) :n: mashaama

11

cap (kæp) :n: **tagiiya**

capital ('kæpital) :n: .... investment **rasmaal**

capital ('kæpital) :n: .... city **asima**

capsule ('kæpsyul) :n: **kabsuul**

car (kaar) :n: **arabiiya**

carcass ('kaakas) :n: .... an animal found dead **fetiis**

card (kaad) :n: .... with greetings, a message or invitation **karit (kuruut)**

cardamon ('kaadamon) :n: **abahaan**

cards (kaadz) :n.pl: **kasteena**

care about (keeya a'baut) :vt: **himu**

care for ('keeya fo:) :vt: **ihteem**

careful ('keeyafal) :adj: **hariis**

careless .... 'keeyales :adj: **muhmil**

cargo ('kaagoo) :n: **shona**

carpenter ('kaapenta) :n: **najaar**

carpet ('kaapet) :n: **sijaada**

carry ('kæri) :vt: **shilu**

carry ('kæri) :vt: .... on the head or shoulders **anggalu**

carver (kaava) :n: .... the craftsman **nahaat**

casanova (kæsa'noova) :n: .... a person with many lovers **saluuk**

case (kees) :n: .... a matter requiring discussion and judgement **gadiiya**

cash (kæsh) :vt: **saraf**

cash (kæsh) :n: **kash**

cashier {'kæshiiya) :n: **saraaf**

cassava (ka'Saava) :n: **bafra**

cassette (ka'set) :n: **shariit**

cassette player (ka'set pleeya): n: **musejil**

cat (kæt) :n: **kadiis, bura (kadais)**

catapult ('kætapalt) :n: **nibla**

catarrh (ka'taar) :n: **zugma**

catch (kæch) :vt: **amsuku, gobedu**

catelogue (kætalog) :n: **katalog**

caterpillar track ('kætapila trak) :n: .... the mechanical device **genziir**

cattle ('kætal) :n .pl: **bagara**

cattle camp ('kætal kæmp) :n: **muraa, ziriiba**

caught (ko:t) .... see "catch"

cause (ko:z) :vt: **sabibu**

cause (ko:z) :n: **sabab (asbaab)**

cautious ('ko:shas) :adj: **hariis**

cave (keev) :n: **kahav**

ceiling ('siiling) :n: **telgiim**

cement (sa'ment) :n: **asamenti**

cemetry ('semetri) :n: **magaabir**

**centimeter** ('sentimiita) :n: **sentimiitra**

**centre** (senta) :n: **markaz,** nus

**certain** ('sa:ten) :adj: **muta-akid**

**certificate** (sa:'tifikat) :n: **shahaada**

**chain** (cheen) :n: **genziir**

**chair** (cheeya) :n: **kursi (karaasi)**

**chalk** (cho:k) :n: **tabasiir**

**chamber pot** ('cheemba pot) :n: **gisariiya**

**chameleon** (ka'miiliyan) :n: **hirbaa**

**chance** (chaans) :n: ..... opportunity **fursa**

last **chance** (laast chaans) :n: **bagi dur**

**change** (cheenj) :vt: **geru**

**change** (cheenj) :vt: .... give change for a banknote **fiku**

**change** (cheenj) :n: .... small money **faka**

**change gear** (cheenj 'giya) :vi: **asigu klach**

**change into** (cheenj intu) :vt: .... of nature or character **gilibu, aglibu**

**character** ('kærakta) :n: **aklag**

**charcoal** ('chaakool) :n: **faham**

**charge** (chaaj) :vt: .... with an offense **tahamu**

**charge** (chaaj) :n: .... made by the police **itihaam**

**chase** (chees) :vt: .... run after **jere wara, toruju**

**chat** (chat) :v: **wonasu**

**chat** (chæt ap) :vt: **teysu**

**cheap** (chiip) :adj: **rakiis**

**cheaper** ('chiipa) :comp.adj: **arkas**

**cheat** (chiit) :n: **zalim**

**cheat** (chiit) :vt: .... a person **zulum**

**cheat** (chiit) :vi: .... in an exam **bakra istaamil**

be **cheated** (bi 'chiited) :vi: **muzluum**

**check** (chek) :n: .... examination of work or goods **muraja, cheking**

**cheese** (chiiz) :n: **jibna**

**chemistry** (kemistri) :n: **kemiya**

**cheque** (chek) :n: **shek**

**chest** (chest) :n: .... part of the body **dus**

**chewing gum** (chuwing gam) :n: **lubaan**

**chicken** ('chiken) :n: **jidaada (jidaad)**

**chief** (chiif) :n: .... tribal leader **sultaan (salatiin)**

**child** (chaild) :n: .... **jena, nyirikuuk**

**child minder** ('chaild mainda): n: **da-da**

**children** (children) :n.pl: **iyaal, awlaad**

chill (Chil) :n: .... cold **sekiti**

fresh **chilli** (fresh 'chili) :n: p
**piripiri**

**chilli powder** ('chili 'pauda) :n:
**shata**

**chimpanzee** ('chimpanzii) :n:
**bawam**

**china** ('chaina) :adj: ....
porcelain **sin**

**Chinese** (chai'niiz) :n,adj:
**Shainiiz**

**chisel** ('chisel) :n: **azmiil**

**chock** (chok) :n:**dugaara**

**chocolate** ('choklat) :n:**kau-kau**

**choke** (chook) :v: **kanggo**

**cholera** ('kolera) :n: **kolera**

**choose** (chuuz) :vt: **azilu**

**chord** (ko:d) :n: .... of material
**habil**

**chose** (chooz) .... see "choose"

**Christian** ('kristian) :n:
**Mesiihi (Mesihiin)**

**Christmas** ('krismas) :n: **id
melaad**

**church** (cha:ch) :n: **keniisa**

**cigarette** (siga'ret) :n: **sigaara**

**cigarette papers** (siga'ret
peepaz) :n: **bransiis**

**carton of cigarettes** ('kaaton ov
siga'retz) :n: **bako**

**cinamon** (sinamo) :n: **girfa**

**circle** ('sa:kal) :n: **daira**

**circular** ('sa:kyula) :adj:
**madauwar**

**circumcised** ('sa:kamsaizd):
adj: **mutaahar**

**circumcision** (' sa: kamsizhon):
n: **tahir**

**cistern** ('sista:n) :n: **hod**

**city** ('siti) :n: **mediina**

**civil** ('sivil) :adj: .... non-
military **melaki**

**civil guard** (sivil gaad) :n:
**defaa medani**

**Civil War** (sivil wo:) :n: ....
referring to the 17 years
conflict ended in 1972 by
the Addis Ababa Agreement
**Zaman-Hawaadis**

**clap** (klæp) :v: **safag le**

**class** (klaas) :n: .... in school
**fasil**

**class** (klaas) :n: .... division
made according to quality
**derija**

**claw** (klo:) :n:**dufur**

**clean** (kliin) :adj: **nadiif**

**clean** (kliin) :vt: .... to
remove dirt, rubbish or dust
but not to wash **nadifu**

**cleaning** ('kliining) :n: **nadaafa**

**clear** (kliiya) :vt: .... to disperse
an individual or group of
people **wasa**

**clear** (kliiya):adj: **safi**

**clergyman** ('kla:jiman) :n:
**gasiis**

14

clerk (klaak) :n: **bushkaatib, kaatib**

clever (kleva) :adj: …. cunning **negiit**

clever (kleva) :adj: **muk kafiif, shatir**

cling (kling) :vi: **kongos**

cling to a person (kling tu a pa:son) :phras: …. refuse to leave someone **kongos wara zol**

clinic ('klinik) :n: **ayaada**

clitoris ('klitoris) :n: **an-guut**

cloak (klook) :n: …. light wrap worn by some town women **towb**

clock (klok) :n: **saa**

close (klooz) :vt: **gofulu**

closed (kloozd):part: **magfuul**

cloth (kloth) :n: **gumaash**

clothes (kloodhz) :n.pl: **gumashaat, malaabis**

clothes horse (cloodhz ho:s) :n: **shamaa**

cloud (klaud) :n: **sihaab**

cloves (kloovez) :n: **garanful**

club (klab) :n: …. social centre **naadi**

club (klab) :n: …. fighting stick **asaiya**

clutch (kach) :n: **klach**

coarse (ko:s) :adj: …. of material **durwaas**

coat (koot) :n: **kabuut**

coat (koot) :n: …. of an animal **suf**

cobweb ('kobweb) :n: **beyt ta ankabuut**

cock (kok) :n: **dik**

cockroach ('kokrooch) :n: **sarsar**

coffee ('kofi) :n: **gawa, gahwa**

coffee beans ('kofi biinz) :npl: **bun**

coffee cup ('kofi kap) :n: **finjaan**

coffin ('kofin) :n: **sanduug**

coil (koyl) :n: …. I.U.D. **lolab**

cold (koold) :n: **sekiti**

cold (koold) :n: …. flu **nazla**

cold (koold) :adj: **barid**

collar ('kola) :n: **liyaaga**

collect (ko'lekt) :vt: **limu**

collect money (ko'lekt mani) :v: **saraf**

collection (ko'lekshon) :n: …. of voluntary donations **tabaruwaat**

college ('kolej) :n: **kuliiya**

colonial period (kolooniyal piiriyad):n:**zaman istimaar, zaman ingliizi**

colonise (kolonaiz) :vt: **istaamir**

colour (kala) :n: **lon**

coloured('kala:d) :adj:
**malauwan**

**comb** (koom) :n: **mushut**

**comb hair** (koom heeya) :vi:
**towr shaar**

**come** (kam) :imp: **taal**

**come** (kam) :vi: **ja**

**come back** (kam'bæk) :vi: **raja**

**come down** (kam 'daun) :vi:
**nenzil**

**come in** (kam 'in) :vt: **dakalu,**
**hush, kush**

**come in, please** (kam in, pliiz)
:imp: **fadal**

**come on!** (kam on) :imp: **yala**

**come out** (kam 'aut) :imp: **tala**
**bara, atla bara**

**come out** (kam 'aut) :vi: **tala**

**comfortable** ('kamfo:tabal) :adj:
**mortaa**

**coming** ('kaming) :part: **jai**

**commercial** (ko'ma:shal) :adj:
**tijariiya**

**committee** (ko'mitii) :n:
**lejina**

**company** ('kampani) :n: ....
commercial organization
**shirka**

**compel** (kom'pel) :vt:    **asaru**

**compensate** ('kom'penseet) :vt:
**awidu**

**complaint** (kom'pleen) :n:
**shokwa**

**complete** (kom'pliit) : adj:
**kamil**

**complete** (kom'pliit) :vt:
**kalasu**

**compulsory** (kom'palsori) :adj:
**mojbuur**

**conceive** (kon'siiv) :vi: ....
become pregnant **hamil**

**concentrate on** ('konsen'treet
on) :vt: **kutu bala fi** eg: huwa
kutu bala to fi shugul to / he
concentrated on his work

be **concerned** (bi kon'sa:nd) :vt:
**himu**

**conciliate** (kon'silieet) :vt: **sala**

**concrete** ('konkriit) :n:
**kerasaana**

**condition** (kon'dishon) :n:  ....
stipulation **shart (shuruut)**

**condition** (kon'dishon) :n:  ....
state  **hal, zuruuf**

**condom** ('kondom) :n:    **joynt**

**conductor** (kon'dakta) :n: ....
on bus **kamsaari**

**conference** ('konferens) :n:
**mutaamar**

**confess** (kon'fes) :vt:    **ihtaaref**

**confession** (kon'feshon) :n:
**ihtiraaf**

**confidential** (konfi'denshal):
adj: **siri**

**confiscate** (konfi'skeet) :vt:
**sadiru**

**confuse** (kon'fyuuz) :vt: **lakbat**

16

**confusion** (kon'fyuuzhon) :n: **lakbata**

**congratulations!** (kon-gratyuleeshonz) :int: **mabruuk**

**consent to** (kon'sent tu) :vt: **rudu**

**consequence** ('konsikwens):n: **natiija**

**consider** (kon'sida) :vt: **lahiz**

**console** (kon'sool) :vt: **hanisu**

**conspiracy** (kon'spirisi) :n: **muamara**

**conspirator** (kon'spireta) :n: **muta-amr**

**constant** ('konstant) :adj: **ihti-aadi**

**constipation** (konsti'peeshon) :n: **imsaak**

**constituency** (kon'stityuensi) :n: **daira**

**construct** (kon'strakt) :vt: **abinu**

**consultant** (kon'saltant) :n: .... physician **hakim basha**

**contagious** (kon'teejas) :n: .... medical **mudiin**

**contemporary** (kon'temporari) :n: .... in birth **dufa**

**continue** (kon'tinyu) :v: **istamiir**

**contract** ('kontrakt) :n: **mugawala**

**contractor** (kon'trakta) :n: **mugawil**

**contradict** (kontra'dikt) :vt: **kalifu, aridu**

on the **contrary** (on dha 'kontrari) :conj: bil **aks**

**conversation** (konva:'seeshon) :n: **wonasa**

**converse** ('kon'va:s): vi: **wonasu**

**conversely** (kon'va:sli): adv: bil **aks**

**convey** (kon'vee):vt: **woselu**

**convicted** (kon'vikted): adj: **mutaaham**

**convoy** ('konvoy) :n: **tof**

**cook** (kuk): n: **tabaak**

**cook** (kuk): vt: **rokabu**

**cooked** (kukd): part: .... ready for eating **nigitu**

**cool** (kuul): vt: **abaruudu**

**cooperation** (koo-opa'reeshon) :n: **ta-awun**

**cooperative** (koo-'oparativ): adj: **mutaawin**

**copied** ('kopiid): part: **mangguul**

**copper** (kopa): n: **nihaas**

**copy** (kopi): n: **sura (aswaar)**

**copy** (kopi): vt: **nanggalu, amilu sura**

**coriander** (kori'ænda): n: **kazbaar**

**cork** (ko:k): n: **fula**

**corner** ('ko:na): n: **rokun**

corpse (ko:ps) :n: **meyt, jinaaza**

correct (ko'rekt) :vt: **sala**

correct (ko'rekt) :adj: **sah, mazbuut**

corrugation (kora'geeshon) :n: **dagdag**

cost (kost) :n: **taman**

cotter pin ('kota pin) :n: **kabuur**

cotton ('koton) :n: **goton**

cotton cloth ('koton kloth) :n: **demariiya**

cotton cloth ('koton kloth) :n: .... bright white **dabalaan**

cough (kof) :n: **goho**

could (kud) .... see"can"

council ('kaunsil) :n: **majlis**

count (kaunt) :vt: **idu**

country ('kantri) :n: .... nation **dowla (duwal)**

country ('kantri) :n: .... rural place **beled**

course (ko:s) :n: .... of training **kors**

court (ko:t) :vt: .... seek the love of **teysu**

court (ko:t) :n: **makama**

courtyard (ko:t'yaad) :n: **juwa hosh, hosh**

cover ('kava) :n: .... of cloth **mandiil**

cover ('kava) :vt: .... with sheet or blanket **kati**

covetous ('kavetas) :adj: **tamaa**

cow (kau) :n: **bagara (abugaar)**

coward ('kauwa:d) :n: **kawaaf**

crab (kræb) :n: abu **magaas, seretaan**

crack (kræk): v: **faga, shegigu**

cram (kræm): vt: .... technique of study **hafisu**

cram (kram): vt: .... squeeze into a small place **asaru**

crane (kreen): n: **winsh**

crash (kræsh): n: **hadis**

crash (kræsh): vt: **sedimu**

crawl (kro:l): vi: dowr bi **rukba**

crazy ('kreezi): adj: **mojnuun**

crib (krib): n: .... for use in cheating **bakra**

cried (kraid) .... See "cry"

crime (kraim): n: **jeriima**

criminal ('kriminal): adj: **jinaa-i**

criminal ('kriminal): n: **jaani, mujirim**

cripple ('kripal): n: abu **kuraa**

crocodile ('krokodail): n: **timsaa**

crooked ('kruked): adj: **maawij**

cross (kros): n: .... Christian symbol **seliib**

cross (kros) :vt: .... a road **gata**

cross (kros) :vt: .... a river **aadi**

cross out (kros 'aut) :vt: ....
**shagbat**

crowd (kraud) :n: **nas ketiir,
zihaam**

cruel ('kruwal) :adj: **kain**

crumple ('krampal) :vt: ....
clothes or paper **kormos**

cry (krai) :vi: **kore**

cucumber ('kyukamba) :n:
**ajuur**

cudgel ('kajal) :n: **asaiya**

cultivate (kalti'veet) :vt: **zara**

culture (kalcha) :n: **sakaafa**

cumin (kyumin) :n: **shamaar**

cunning (kaning) :adj: **negiit**

cup (kap) :n: **kubaiya**

cupboard ('kabo:d) :n: **dulaab**

curse (ca:s) :vt: **fagaru**

curse (ca:s) :n: **fagaara**

curtain ('ka:ten) :n: **sitaara**

curve (ka:v) :n: **munhani**

cushion('kushon):n: **makaada**

custard ('kasta:d) :n: **kastar**

custom ('kastom) :n: **sibir**

customer ('kastama) :n:
**zabuun (zabain)**

customs ('kastomz) :n: ....
office of customs **jamaarik**

local **customs** ('lookal 'kastomz)
....tax :n: **jibaana**

cut (kat) :vt: **gata**

cut out (kat aut) :vt: .... used
by tailors **gusu**

# D d

damp (dæmp) :adj: **leyn**

daily (deeli) :adv: **kulu yom**

dam (dæm) :n: .... of water
**kazana**

damaged ('dæmejd) :adj:
**karabaan**

dance (daans) :n: **liyb**

dance (daans) :vi: **alabu**

dance (daans):n: .... traditional
led by drums **lugaara**

dandruff ('dændraf) :n: **gishir ras**

danger ('deenja) :n: **katar**

dark (daak) :adj: .... in colour
**gamid**

darkness ('daaknes) :n:
**duluuma**

date (deet) :n: .... time **tariik**

dates (deets) :n.pl: .... the
fruit **bala**

daub (dawb) :vt: .... to mud
**dugu maa tiyn**

daughter ('do:ta) :n: **bit, biniiya
(banaat)**

day (deey) :n: **yom**

that **day** (dhæt dee) :phras: **yomaata de**

the whole **day** (dha hool deey) :n: **nahaar kulu**

dead (ded) :adj: **mutu**

dead person (ded 'pa:son) :n: **meyt (meytiin)**

death (deth) :n: **mut**

deceased the (dha di'siisd) :n: .... a specific person **morhuum**

deceive (di'siiv) :vt: **kabasu**

decentralisation (dii'sentralai'zeeshon) :n: **la-markaziiya**

decline (di'klain) :vi: .... refuse **aba**

decorate ('dekoreet) :vt: **fanan**

decoration (deko'reeshon) :n: .... of a room or car **ziyna**

decoration (deko'reeshon) :n: .... ornament worn **fandasiiya**

decrease (di'kriis) :vt: **nagisu**

deduct (di'dakt) :vt: **nagisu, gata**

deep (diip) :adj: **tawiil**

defeat (di'fiit) :v: **galab**

defecate (defa'keet) :n: **akara**

defence (di'fens) :n: **defaa**

defend (di'fend) :vt: **daafi**

degree (di'grii) :n: .... of a university **digrii,derija**

degree (di'grii) :n: .... extent **derija**

delay (di'leey) :v: **akar**

delegation (dele'geeshon) :n: **wafda**

delete (de'liit) :vt: **masa bara**

delicious (de'lishas) :adj: **leziiz**

delivery (de'livari) :n: .... of a child **weleedu , wilaada**

demand (di'maand) :n: **talab**

democratic (demo'kratik) :adj: **dimukratiiya**

demolish (di'molish) :vt: **kasaru**

demonstration (demon'streeshon) :n: **muzaharaat**

denied (di'naid) .... see "deny"

dent (dent) :vi: **kormos**

dentist ('dentist) :n: **diktowr asnaan**

deny (di'nai) :vt: **ankaro**

depart (di'paat) :vi: **futu**

deposit (di'posit) :vt: .... in a bank **waridu**

deputy ('depyuti) :n: **nayib**

descend (di'send) :vi: **nenzil**

describe (di'skraib) :vt: **wosif**

desert ('deza:t) :n: .... dry land **sahraa**

**desert** (di' za:t) :vt: **hajiru**

**design** (di'zain) :n: **resim**

**desire** (di'zaiya) :n: **niya**

**desk** (desk) :n: **tarabeeza**

school **desk** (skuul desk) :n:
    **durij**

**despise** (di'spaiz) :vt: **alisu**

**destroy** (di'stroy) :vt: **karabu**

**destroyed** (di'stroyd) :adj:
    **karabaan**

**debt** (det) :n: **deyn**

**detach** (di'tach) :vt: **fiku**

**detail** ('diiteel) :n: **tafasiil**

**detective** (di'tektiv) :n:
    **mobaahis**

**developed** (di'velopd) :adj:
    **mutagadam**

**devil** (devil) :n: **shetaan**

**devoid of** (di'voyd ov) :adj:
    **biduun**

**dew** (dyuu) :n: **nada**

**diamond** ('daimond) :n:
    **almaas**

**diarrhoea** (dai'riiya) :n: **is-haal**

**diary** ('dairi) :n: **mufekra**

**dice** (dais) :n: **koshkosh**

**dictionary** ('dikshonari) :n:
    **kamuus**

**did** (did) .... see "do"

**didn't = did not** ('didant)

**die** (dai) :v.i: **mutu**

**diesel** ('diizel) :n: .... fuel
**jaz**

**difference** ('difarens) :n: **ferik**

**different** (' difarent) :adj:
    **muktelif, barau**

**difficult** ('difikalt) :adj:    **saab**

**dig** (dig) :vt: .... a field
    **kuruju**

**dig** (dig) :vt: .... a hole    **hafiru**

**digging rod** ('diging) :n: ....
    made of heavy metal
    **hafaara, atala**

**dinner** ('dina) :n: ....    the
    evening meal **asha**

**diploma** (di'plooma) :n:
    **diblooma**

**directly** (dai'rektli) :adv:
    **tawaali**

**director** (dai'rekto:) :n: **mudiir**

**dirt** (da:t) :n: **wasaaka**

**dirty** ('da:ti) :adj: **waskaan**

**discipline** ('disiplin) :vt:  **adibu**

**disciplined** ('disiplind) :adj:
    **muadab**

**discover** (di'skava) :vt: **ligu**

**discuss** (di'skas) :vt: **wonasu,
    nagishu**

**discussion** (di'skashon) :n:
    **munagisha**

**disgrace** (dis'grees) :n: **fadiiya**

**dish** (dish) :n: **sahan**

**dismiss** (dis'mis) :vt: **rofadu,
    toruju**

21

dismount (dis'maunt) :vt: nenzil

disobedient (diso'biidiyent) :adj: mukalif

disobey (diso'bee) :vt: kalif

disorder (dis'o:da) :n: .... *of* people not things fowda

dispensary (dispensari) :n: shabakaana, isbitaaliya

distant ('distant) :adj: ba-iid

distemper (dis'tempa) :n: distemba

distil (dis'til) :vt: naga

distribute (dis'tribyut) :vt: wozau

ditch (dich) :n: mojara

divide (di'vaid) :vt: gesim, wozau

divided by (di'vaided bai) :phras: used in arithmetic ala

division (di'vizhon) :n: gisma

divorce (di'vo:s) :vt: talagu

dizzy in Juba Arabic one says "the head is turning" eg: ras tai gi-lifu / I am feeling dizzy

do (duu) :vt: amilu

doctor ('dokto:) :n: diktowr (dakaatra)

document (' dokyument) : n: waraga (awraag)

dog (dog) :n: kelib (klab)

doll (dol) :n: lu-uba

dominoes (' dominooz) : n. pl: domina

donkey ('donki) :n: himaar

door (do:) :n: bab

dormitory ('do:mitori) :n: ambar

dot (dot) :n: nukta

double ('dabal) :adv: twice marateen

be doubtful (bi 'dautfal) :vt: ma muta-akid

doubts (dauts) :n.pl: shak

dough (doo) :n: ajiin

dove (dav) :n: hamaam

down (daun) :adv: falaatah, tihit

dowry ('dauri) :n: mal

drag (dræg) :vt: juru maa gowa

drama ('draama) :n: theatre tamasiliiya

drank (drænk) see "drink"

draw (dro:) :vt: resimu

drawer ('dro:a) :n: of table etc durij

drawing ('dro:ing) :n: resim

dream (driim) :vi: hilim

dreamt (dremt) see "dream"

dress (dres) :n: old fashioned with many pleats araagi

dress (dres) :v: libis

dress (dres) :n: style without pleats kolosh

dress (dres) :n: fustaan

loose **dress** (luus dres): n: **shuwaal**

**drew** (dru) see "draw"

**dried** (draid) see "dry"

**drill** (dril) :n: boring tool **bariima**

**drink** (drink) :v: **ashrabu**

**drinking** (drinking) :adj: **sharaab**

**drive** (draiv) :vt: a vehicle **sugu**

**drive shaft** (draiv shaft) :n: **amuud nus**

**drove** (droov) see "drive"

**drunk** (drank) :adj: **sekraan**

very **drunk** ('veri drank) :adj: **mastuul, sekraan ful**

**drunkard** ('dranka:d) :n: **sakuuruji**

**dry** (drai) :adj: **yabis, nashif**

**dry** (drai) :v: **yabisu**

**dry** (dry) :vt: with a cloth **nashifu** put out to **dry** (put aut tu drai) :vt: **shuru**

**dry season** (drai siizon) :n: **karangga, seef**

**drying rack** (draying ræk) :n: **sidaab**

**duck** (dak) :n: **bata**

**dull** (dal) :adj: unintelligent **beliid**

**dump** (damp) :n: for rubbish **kusha**

**dung** (dang) :n: **kara**

**durable** ('dyurabal) :adj: **mutu-keli**

**dust** (dast) :n: produced by vehicles **ajaaj**

**dust storm** ('dast sto:m) :n: **habuub**

**duty** (dyuuti) :n: responsibility **musuliiya**

**duty** (dyuuti) :n: form of taxation **deriiba (daraib)**

**dye** (dai) :n: **sibga**

**dysentry** ('disintri) :n: **dusunteeriya**

**each** (iich) :n: **kulu wahid**

**each other** ('iich atha) :n. phrase: **bad**

**eager** ('iiga) :adj: **muhtaag**

**ear** ('iiya) :n: **adaana**

**ear ring** ('iiya ring) :n: **halag**

**earlier** ('a:liya) :adv: slightly before the time being refered to **gibeel**

**early** (a:li) :adv: **bedri**

**earth** (a:th) :n: **ard**

the **earth** (dha a:th) :n: the world **aalam**

**earthworm** ('a:th'wa:m) :n:
   **sargeel**

**easier** ('iiziya) :comp.adj: **as-hal**

**east** (iist) **sharg**

**Easter** ('iista) :n: **Faska**

**eastern** ('iista:n) :adj: **shargi**

**easy** ('iizi) :adj: **besiit, sahil**

**eat** (iit) :vt: **akulu**

**ebony** ('eboni) :n: **babanuusa**

**edge** (ej) :n: **taraf**

**education** (edyu'keeshon) :n:
   **taaliim, tarbiya**

**effervesce** (efa'ves) :vi: **furu**

**effort** ('efo:t) :n: **gowa**

**egg** (eg) :n: **beyd**

**egg plant** (eg plaant ) :n: **aswad**

**egret** ('iigret) :n: **jeba-jeba**

**Egypt** ('iijipt) :n: **Masr**

**Egyptian** ('iijipshon) :n.adj:
   **Masri**

**either or** ('aidha… o:) :conj: in
   Juba Arabic the "either" is
   often omitted **awa, wola**

**elastic** (e'lastik) :n: **lastik**

**elbow** ('elboo) :n: **rukba ta ida**

**election** (e'lekshan) :n:
   **intigabaat**

**electrical appliance** (e'lektrikal
a'plaiyans) :n: such as a
disco, radio, computer etc
   **jihaaz**

**electricity** (elek'trisiti) :n:
   **kahraba**

**elephant** ('elefant) :n: **fiyl**

**embarrassment**
   (em'barasment) :n: **fadiiya**

**emerge** (e'ma:j) :n: **tala**

**employee** (em' ployi i) : n:
   **muwazif**

**employer** (em'ploya) :n: **sidu
   shugul**

**emptied** ('emptid) see "empty"

**empty** ('empti) :vt,adj: **fadi**

**end** (end) :vt: **kalasu**

**end** (end) :n: **akir, nihaiya**

**end of the world** (end ov dha
   wa:ld) :phras: …,. colloquial
   **giyaama**

be **ended** (bi 'ended) :vi:
   **intaaha, kalasuu**

**enema** (Ienema) :n: **hogna
   shargiiya, taruumba ta iyaal**

**enemy** ('enemi) :n: **ado
   (adowaat)**

**energy** ('ena:ji) :n: **gowa, takaa**

**engine** ('enjin) :n: **makana**

**engineer** ('enjiniiya) :n:
   **muhandis**

**English** (inglish) :n,adj: **Ingliizi**

**enough** ('enaf) :adv,n: **kifaiya**

be **enough** (bi 'enaf) :v: **timu**
   e.g. moya de bi-timu kasiil /
   there is enough water for the
   washing

**enter** ('enta) :v: **dakalu, kush,
   hush**

epiglottis (epi'glotis) :n: **risha**

equal ('iikwal) :adj: **sawa-sawa**

equal to ('iikwal tu) :vt: as used in mathematics **yisaawi**

erase (e'reez) :vt: **masa bara**

eraser (e'reesa) :n: such as a rubber **masaa**

be eroded (bi e'rooded) :vi: **akuluu**

errand ('erand ) :n: **mushwaar**

error ('ero:) :n: **galat**

escape from (e'skeep from) :vt: **nafat min**

especially (e'speshali) :adv: **kasatan**

Europe (yurop) :n: **Uruuba**

European (yuro'piiyan) :n: referring to any fair skinned foreigner **kawaaja (kawajaat)**

evaporate (e'vaporeet) :vi: **bakar**

eve (iiv) :n: **wagfa**

even ('iiven) :adj: level **sawa-sawa**

even if ('iiven if) :conj: **sala**

evening ('iivning) :n: **asiiya, misa** eg: "asiiya" does not take a preposition whereas "misa" does

for ever (fo: leva) :adv: **ta kulu kulu**

every ('evri) :adj: **kulu** eg: kulu yom / every day

everyone ('evriwan) :n: **nas kulu**

evidence ('evidens) :n: **isbaat**

exact (eg'zakt) :adj: **bezabt**

examination (egzami'neeshon) :n: test of knowledge **imtihaan**

examine (eg'zæmin) :vt: medically **kashifu**

examine (eg'zæmin) :vt: academic **imtaahan**

example (eg'zaampl):n: **misaal** for example (fo: eg'zaampl) :conj: **masalan**

exceed (ek'siid) :vt: **futu**

excellent ('Iekselent) :adj: **tamaam, mumtaaz**

exchange (eks'cheenj) :vt: **geru**

excrement ('ekskrament) :n: **kara**

excuse (ek'skyuus): n: **uzur**

execute ( 'eksakyuut) :vt: **senegu**

exercise ('eksa:saiz): n: **riyaada**

exhale (eks'heyl): n: **nafas**

exhausted (eg'zo:sted): adj: **tabaan**

expel (ek'spel): vt: **toruju**

expensive (ek'spensiv): adj: **gali**

experience (ek'spiirens): adj: **kibra**

explain (ek'spleen): vi: **wosif**

explode (eks'lplood): vt: **faga**

exploit (eks'lployt): vt: colloquially **istaamir**

eye (ai): n: **ena (iyuun)**

25

# F f

face (fees) :n: **wash, woj**

fact (fækt) :n: **hagiiga**

faded ('feeded) :part: of cloth **faskoon**

faeces (fiisiiz) :n.pl: **kara**

fail (feel) :V: a test **sagit**

fail (feel) :vt: an attempted action **fasal**

faint (feent) :vi: **kamiru**

fall (fo:l) :vi: **woga**

false (fo:ls) :adj: **ma sah**

family (fæmilii) :n: close family or household **usra**

family (fæmilii) :n: relatives united by commom grandfather **ahal**

fan (fæn):n: electrical **morwa**

fan (fæn) :n: hand held **habaaba**

far (faa) :adj,adv: **ba-iid**

farm (faam) :n: commercially run **mazra**

fart (faat) :vi: **fasa**

fashion ('fæshan) :n: regarding behaviour **usluub**

fashion ('fæshan) :n: regarding clothes **stail**

fast (faast) :adj,adv: **gwam, bi sura** .

fast (faast) :vi: to not eat **saim**

fat (fæt) :adj: **semiin**

father ('faatha) :n: **abu**

father ('faatha) :n: children's term **ba-ba**

father ('faatha) :n: used towards older men **yaba**

fault (fo:lt) :n: **galat**

do a favour (du a feeva) :v. phras: amilu **maaruuf**

favourite ('feevarit) :adj: **mahbuub**

fear ('fiiya) :n: **kowf**

fear ('fiiya) :vt: **kafu**

feast ('fiist) :n: **karaama**

feather ('fedha) :n: **riysha**

fed (fed) see "feed"

feed (fiid) :vt: **akuluu**

feel (feel) :vt: explore by touch **degish**

feelings ('fiilingz) :n.pl: **shu-uur**.

fees (fiiz) :n.pl: **rasuum**

feet (fiit) :n.pl: see "foot"

fell (fel) see "fall"

fence (fens) :n: **hosh**

ferment (fa: 'ment) :vi: **furu**

ferry ('feri) :n: **madiiya**

fetch (fech) :vt: **jibu**

26

feud (fyuud) :n: **diyd**

fever (fiiva) :n: **huma**

few (fyu) :adj: **shweya, besiit**

fiancee (fiy'ansee) :n: **katiib**

fidget ('fijit) :n: zol **mujangjang**

fight (fait) :n: **shakila, dusmaan**

fight (fait) :v: **shakal, dusman**

file (fail) :n: tool **mabrad**

file (fail) :n: for papers **fail**

fill (fil) :vt: **mala**

film (film: :n:. **filim,(aflaam)**

film negative (film 'negativ) :n: **afriita**

filter ('filta) :vt: **safa**

filter ('filta) :n: **filta**

filth (filth) :n: **wasaaka**

final ('fainal) :adj: **akir**

finance (fai'nans) :n: **maliiya**

find (faind) :vt: **ligu**

fine (fain) :n: **garaama**

fine (fain) :int: showing satisfaction **seme**

fine (fain) :vt: **garamu**

finger ('finga) :n: **asba, (asaabe)**

finish ('finish) :vt: **kalasu**

finished ('finishd) :part: **intaaha, kalasuu**

fire ('faiya) :n: **nar**

fire ('faiya) :n: uncontrolled **hariiga**

firing range ('fairing reenj) :n: **darabu nar**

firm (fa:m) :adj: **sabit**

make firm (meek 'fa:m) :vt: **sabit**

first (fa:st) :adj: **awal**

first born (fa:st bo:n) :n: **bikir**

fish (fish) :n: **samak**

fish (fish) :vi: **amsuku samak**

fist (fist) :n: **buniya**

fit (fit) :vi: **amfa**

fix (fiks) :vt: in place **rekibu**

fix (fiks) :vt: mend **sala**

fixed (fiksd) :part: **sabit**

fizz (fiz) :vi: **furu**

flag (flæg) :n: **alam, bereg**

flame (fleem) :n: **lahab**

flat (flæt) :adj: **sawa-sawa, musatah**

flatulent ('flætyulent) :adj: **kabis**

flavour ('fleeva) :n: **taam**

flee (flii) :v: **harab**

flesh :n: **laham ta gisim**

flew (fluu) see "fly"

flex (fleks) :n: **silik**

flipflops ('flipflops) :n.pl: **safingga**

float (floot) :vi: **towfu**

flog (flog) :vt: **jeledu**

flood (flad) :n: **feyadaan**

flash flood (flash flad) :n: **siyuul**

floor (flo:) :n: **ardiiya, blad**

flour ('flauwa): n: **dagiig**

flow (floo): vi: **jere**

flower ('flauwa): n: **zahra (zuhuur)**

flu (flu): n: the illness **nazla**

fluorescent tube (flu'resent tyub): n: **lamba**

fly (flai) :vi: **tiru**

fly (flai) :n: **dubaan**

foam (foom) :n: **kafuuta**

fold (foold) :vt: **tabagu**

follow ('foloo): vt: **mashi wara, ruwa wara**

folly ('foli) :n: **kalaam beliid**

food (fuud) :n: **akil**

food (fuud) :n: children's language **nya-nya**

food cover (fud kava) :n: **tabaga**

fool (fuul) :n: zol **beliid**

foot (fut) :n: part of the leg **kuraa**

foot (fut) :n: measurement **gadam**

football ('futbo:l) :n: **kura gadam**

football pitch ('futbo:l pitch) :n: **midaan kura**

for (fo:) :prep: **le**

forbid (f:'bid) :vt: **mana-u**

forbidden (fo:'biden) :n: **mamnuu**

force (fo:.s) :vt: compel **jabiru, asaru**

force (fo:s) :n: **gowa**

force (fo:s) :vt: physically strain **asaru**

foreign ('foren) :adj: **min bara, ajnabi**

foreigner ('forena) :n: zol **ajnabi**, zol min **bara**

forest ('forest) :n: thick **kibraan, kibra**

forest ('forest) :n: thin **gaba**

forgave (fo:'geev) see "forgave"

forget (fo:'get) :vt: **nisiitu**

forgive (fo: 'giv) :vt: **afu le**

forgot (fo:'got) see "forget"

fork (fo:k) :n: **malaga shoka**

form (fo:m): n: official document **urniik**

form (fo:m): n: school class **saf**

formalities (fo: 'malitiiz): n.pl: **resmiyaat**

formula ('fo:myula):n: **ganuun**

fortnight ('fo:tnait): n: **usbo-een**

forward (fo:wa:d): adj: **gidaam**

fought (fo:t) see "fight"

foul (faul): n: in a game **faul**

found (faund) see "find"

foundation (faun'deeshon): n: **asaas**

28

fox (foks): n: **saalab**

fracture (frækcha): vi: **kasaru**

frame (freem) :n: of house **haikal**

frame (freem) :n: of door or window **halik**

France (fræns) :n: **Faransa**

free (frii) :adj: not requiring payment **meyta, majaani**, bi **balaash**

free (frii) :adj: independent **hur**

freedom ('friidom) :n: **huriiya**

French (french) :adj: **Faransi**

Frenchman ('frenchman) :n: **Faransaawi**

frequently ('friikwentli) :adv: **tawaali, maraat ketiir**

fresh (fresh) :adj: food **ney**

fridge (frij) :n: **talaaja**

fried (fraid) see "fry"

friend (frend) :n: **sabi, sadiik**

frog (frog) :n: **gonya**

from (from) :prep: **min**

front (front) :n: **gidaam**

frontier (fran'tiiya) :n: **hiduud**

froth (froth) :n: **kafuuta**

fruit (fruut) :n: **fakiha (fawaaki)**

fry (frai) :vt: **hamiru**

frying pan ('fraiying pan) :n: **tawa**

full (ful) :adj: **maliyaan**

full stop (ful stop) :n: **nukta**

fumes (fyumz) :n.pl: **dukaan**

funeral ('fyuunaral) :n: post burial ritual **bika**

fur (fa:) :n: **farwa**

furniture (fa:nicha) :n: **afash**

fuse (fyuuz) :n: **fuz**

fuss (fas) :n: **dowsha**

future ( f'yuucha) : n: **mustaagbal**

gain (geen) :n: **faida**

gallon ('gælon) :n: **jalon**

gamble (gæmbal) :vi: **gamir**

gambling ('gæmbling) :n: **gumaar**

game (geem) :n: **liyb**

game meat (geem miit) :n: **laham ta gaba**

gang (gaang) :n: **asaaba**

gaol (jeel) :n: when found quilty **habasa, sijin**

gaol (jeel) :n: before trial **haraasa**

gap (gæp) :n: **fataha**

garbage dump ('gaabaj damp) :n: **kusha**

**garden** ('gaaden) :n: with vegetables **jineena**

**garden** ('gaaden): n: with flowers, trees and grass **hadiika**

**gargle** ('gaagal): v: **gargar**

**gargle** ('gaagal): n: **gargara**

**garlic** ('gaalik): n: **tum, basal a tum**

**garrison** ('gærison): n: **hamiya**

**gate** (geet) :n: large or double doored **bwab**

**gate** (geet): n: small **bab**

**gather** (gædha): vt: **kumu,limu**

**gather** ('gædha): v: people **limu, ajama**

**gauze** (go:z): n: **shash**

**gave** (geev) see "give"

**gear** ('giya) :n: **tiris (taruus)**

**gear stick** ('giya stik) :n: **tasiiga**

**generous** (' jeneras) :adj: **kariim**

**genuine** ('jcnyuin) :adj: **azli**

**geography** (jiy'ogrfi) :n: **jugrafiiya**

**geology** (jiy'oloji) :n: **jiyolojiiya**

**geometry** ('jiy'omctri) :n: **handasa**

**germ** (ja:m): n: **jarasiim**

**German** ('ja:man) :n: **Almaani**

**Germany** ('ja:mani) :n: **Almaanya**

**get on** (get on) : vt: a car or bike **arkab**

**get a move on** (get a muuv on): imp: amilu **gwam gwam, harik**

**get away with** (get a'wee widh) :vi: **nafat**

**get off** (get of) :vt: **nenzil min**

**get on with** (get on widh) :vt: **istamiir**

**get out!** (get aut!) :imp: **atla bara**

**get out of** (get aut ov) :vt: **nenzil min**

**get out of the way** (get aut of dha wee!) : imp: **wasa!**

**get up** (get up) :vi: **gum**

**ghost** (goost) :n: **baati**

**gift** (gift) : n: **hadiiya**

**ginger** (jinja) :n: **jenzaviil**

**giraffe** (ji'raaf) :n: **zeraaf**

**girl** (ga:l) :n: **biniiya, bit (banaat)**

**girl friend** (ga:l frend) :n: **habiiba**

**give** (giv) :v: **wodii**

**give back** (giv bæk) :vt: **raja**

**give oneself away** (giv wan'self a'wee) :vi: **isteki nefsa**

**give oneself up** (give wan'self 'ap) :vi: **selim nefsa**

**give rise to** (giv 'raiz tu) :vt: **sabibu**

**give up** (giv ap) :vt: **sibu**

**give up** (giv ap) :vt: .,.. a habit **balasu**

**give way to** (giv 'wee tu) :vt: **sibu sika le**

**glad** (glæd) :adj: **mabsuut, farhaan, mosruur**

**glands** (glændz) :n.pl: **lowzaat**

**glass** (glaas) :n: of spirits **kas**

**glass** (glaas) :n: the material **zijaaja**

**glass** (glaas) :n: small drinking glass **kubaiya**

**glass** (glaas) :n: for a lamp **gizaaza**

**glasses** ('glaasiz) :n.pl: spectacles **nadaara**

**gloom** (glum) :n: **duluuma**

**glove** (glav) :n: **kaf (kafuuf)**

plastic **glove** (plastik glav) :n: **joynt**

**glow** (gloo) :vi: **lama**

**glue** (glu) :n: **gira, sumuk, selsiyon**

**glutton** ('glaton) :n: **akuul**

**go** (goo) :v: **ruwa, amshi, futu, mashi**

**go back** (goo 'bak) :vi: **raja**

**go down** (goo daun) :v: **nenzil**

**go in** (goo 'in) :V: **dakalu**

**go out** (goo aut) :v: **tala**

**go up** (goo 'ap) :V: **tala fok**

**goal** (gool) :n: **araada**

**goalkeeper** (goolkiipa) :n: **haris**

**goat** (goot) :n: **ganamaiya (agnaam)**

**God** (god) :n: **Alah, Rabuuna**

**gold** (goold) :n: **dahab**

**golden** ('goolden) :adj: **dahabi**

**gonorrhoea** (gona'riiya) :n: **bajala**

**good** (gud) :adj: **kweys**

**goods** (gudz) :n.pl: **budaaha**

**gospel** ('gospal) :n: **injiil**

**got** (got) see "get"

**gourd** (gua:d): n: **gara**

**govern** ('gava:n): v: **hakimu**

**governor** ('gavana) :n: **hakim**

**gown** (gaun) :n: wrap often worn by town women outside the home **towb**

**gradually** (grædyuali) :adv: **biraa-biraa**

**grab** (græb) :vt: **kataf**

**grade** (greed) :n: **mustauwa**

**graduate** ('grædyuat) :n: **kariij (karijiin)**

**graduate** (grædyueet) :vi: **karaj**

**grammar** (græma) :n: **kawaayid**

**granary** ('grænari) :n: **gugu**

**grandfather** ('grændfaadha) :n: **jiyd**

**grandmother** ('grændmadha) : n: **habuuba**

**graph** (graaf) :n: **resim biyaani**

31

grass (graas) :n: **gesh**

grass ties (graas taiz) :n.pl: for building **zaf**

grasshopper ('graashopa) :n: **jaraad**

gratuity (gra'tyuiti) :n: **mukafa**

grave (greev) :n: turba, **gubr**

gravel ('grævel) :n: **karasona, has-has**

graveyard ('greevyaad) :n: **magaabir**

gravy ('greevi) :n: **shurba**

grease (griis) :n: **shaham**

greasegun ('griis'gan) :n: **mushaham**

great (greet) :adj: **aziim, kebiir**

greedy ('griidi) :adj: **tamaa, maa gelba kebiir, lajuuma**

green (griin) :adj, n: **akdar**

green pepper (griin 'pepa) :n: **filfil akdar**

greetings ('griitings) :n.pl: **salaam, tehiiyat**

grenade (gre'need) :n: **gumbala ida**

grew (gruu) see "grow"

grey (gree) :adj,n: **ramaadi**

grind (graind) :vt: **atano**

grinding mill ('grainding mil) :n: **tahuuna**

grinding stone ('grainding stoon) :n: **murkaka**

grip (grip) :vt: **amsuku**

ground (graund) :n: **ard, turaab**

ground (graund) ... see "grind"

groundnut paste ('graundnat peest) :n: **keymuut**

group (gruup) :n: **jamaa**

grow (groo) :vi: **raba**

guarantee ('gærantii) :n: **damaana**

guard (gaad) :n: ... military or mechanical **haris**

guard (gaad) :n: ... of a house or building **gafiir**

guava (gwaava) :n: **gwaava, juwaava**

guess (ges) :vt: **arif maa ras**

guest (gest) :n: **deyfaan (diyuuf)**

guide (gaid) :n: ... a person **murshid**

guide (gaid) :n: ... a thing serving to direct activities **daliil**

guilty ('gilti) :adj: **galtaan**

guinea fowl ('gini faul) :n: **jidaada wadi**

guitar (gi'taa) :n: **gitaar**

gully (gali) :n: **kor**

gum (gam) :n: **sumuk**

gun (gan) :n: **bundikiiya, silaa**

guts (gats) :n.pl: **musraan**

gutter ('gata) :n: ...of a roof **sabaluuka**

gutter ('gata) :n: ... of a road **mojara**

**hat** (hæt) :n: **tagiiya**

**hacksaw** ('hækso) :n: **museer hadiid**

**had** (hæd) see "have"

**hair** ('heya) :n: **shaar**

**half** (haaf) :n: **nus**

**halt!** (holt) :int: ... command **sabit**

**hammer** ('hæma) :n: **sakuus**

**hand** (hænd) :n: **ida (ideen)**

**empty handed** ('empti 'hænded) :adv.phras: **ida ashara**

**handful** ('hændfal) :n: **ida kamil**

**handkerchief** ('hænkachiif) :n: **mandiil**

**handsome** ('hændsam) :adj: **giyaafa**

**hang** (hæng) :vt: ... kill by such means **kanggo**

**hang** (hæng) :vt: **aligu**

**haphazardly** (hæp'hæza:dli) :adv: **sambala**

**happen** ('hæpen) :vi: **hasil**

**hard** (haad) :adj: ... difficult **saab, gowi**

**hard** (haad) :adj: ... firm, strong **gowi, shadiid**

**hashish** (hæ'shiish) :n: **banggi**

**hatch** (hæch) :V: ... sitting on eggs **num fi beyd**

**hatch** (hæch) :vi: ... spliting of the eggs **faga**

**hate** (heet) :vt:**akra**

**hawk** (ho:k) :n: **sogur**

**have** (hæve) :vt: **endu**

**he** (hi) :pron: **huwa, huwo**

**head** (hed) :n: **ras**

**heads** (hedz) :n: ... gambling term **kitaaba**

**health** (helth) :n: **saha**

**heap** (hiip) :n: **kom**

**hear** ('hiiya) :v: **asma**

**heard** (ha:d) see "hear"

**heart** (haat) :n: **gelba**

**heat** (hiit) :vt: **sukun**

**heat** (hiit) :n: **sakaana, haraara**

**heathen** ('hiidhen) :n: **kafir**

**heaven** ('heven): n: **Samaa**

**heavy** ('hevi) :adj: **tagiil**

**height** (hait) :n: **tul**

**held** (held) see "hold"

**helicopter** (heli'kopta) :n: **helikobta**

**hell** (hel) :n: **jahaanam, nar kebiir**

**helmet** ('helmet) :n: **tagiiya**

**help** (help) :vt: **sadu, sayidu**

**help** (help) :n: **musada, musayida**

**helper** ('helpa) :n: **musayid**

**hem** (hem) :n: **kafa**

**henna** ('hena) :n: **hena**

**here** ('hiiya) :adv: **hini**

**here it is** ('hiiya it iz) :phras: **yau de**

**herself** (ha:'self) :pron: **nefsa to**

**hiccup** ('hikap) :n: abu **shiheg**

**hide** (haid) :vt: **dusu.**

**high** (hai) :adj: **tawiil, fok kalis, aali**

**hill** (hil) :n: **jebel**

**himself** (him'self) :pron: **nefsa to**

**hinge** (hinj) :n: **mufasal**

**hippo** ('hipoo) :n: **grindi**

**hire** ('haiya) :vt: **ajiru**

**history** ('histari) :n: **tariik**

**hit** (hit) :vt: … collide **dusu**

**hit** (hit) :vt: **dugu**

**hoard** (ho:d) :vt: … as applied to traders **dusu**

**hoe** (hoo) :n: **turiiya, malodoo**

**hold** (hoold) :vt: **amsuku, gobedu**

**hole** (hool) :n: … small hole in material such as cloth or rubber **kurum**

**hole** (hool) :n: **hofra**

**holiday** ('holidee) :n: … vacation **ijaaza**

**holiday** ('holidee) :n: … religious festival **id**

**holy** (hooli) :n: **mukadas**

**Holy Spirit** (hooli 'spirit) :n: **Roho al Kudus**

**home** (hoom) :n: **beyt** .

original **home** (o'rijinal hoom) :n: place of origin **beled**

**homosexual** (hooma' seksyual) : n: "male" **kawel**

**honest** ('onest) :adj: **amiin**

**honey** ('hani) :n: **asil**

**honey moon** ('hani muun) :n: **shahar al asil**

**hook** (huk) :n: **jabaada**

**hope** (hoop) :n: … usually used in the plural in Juba Arabic **amal (amaal)**

I **hope that** (ai hoop dhat) :phrase: **inshaala**

**horn** (ho:n) :n: **garuun**

**horse** (ho:s) :n: **hosaan**

**hose** (hooz) :n: **kartuush**

**hospital** ('hospital) :n: **musteeshfa**

**hostel** ('hostel) :n: providing only sleeping quarters **lokaanda**

**hot** (hot) :adj: **sukun**

**hotel** (hoo'tel) :n: **lokaanda, fundug**

**hour** (auwa) :n: **saa**

**house** (haus) :n: **beyt, juwa** .

**housekeeping money** ('hauskiiping mani) :n: **masariif**

**housing area** ('hausing 'eeriiya) :n: ... districts of relativey dense housing constructed with local materials **hila**

**how** (hau) :interrog: **kef**

**how many** (hau 'meni) :interrog: **kam**

**how much** (hauw mach) :interrog: ... in Juba Arabic it is usual to state the unit in the question **kam**

**how much** (hau mach) :interrog: ... in relation to asking the price bi **kam**, maa **kam**

**hub** (hab) :n: ... of a wheel **gula**

**human** ('hyuman) :col.n: **insaan**

**humble** ('hambal) :adj: **miskiin**

**humiliation** (hyu'lmiliyeeshan) :n: **fadiiya**

**hump** (hamp) :n: **singgiit**

**hunch back** (hanch bak) :n: abu **singgiit**

**hung** (hang) see "hang"

**hungry** ('hanggri) :adj: **jiaan**

**hunt** (hant) :v.n: **seyd**

**hunter** (hanta) :n: **seyaad**

**hurried** (harid) see "hurry"

**hurry** (hari) :vi: **.alagu**

**hurry** ('hari) :vt: **istaajil**

in a **hurry** (in a 'hari) :phra: **mustaajil**

**hurt** (ha:t) :vi: **woja**

**hurt** (ha:t) :vt: **augu, auru**

**husband** ('hazband) :n: **rajil, zowij**

**hut** (hat) :n: ... circular **gutiiya**

**hut** (hat) :n: ... square or oblong **kurnuk**

**hyena** (hay'iina) :n: **morfayiin**

**I i**     I

**ice** (ais) :n: **telej**

**idea** (ai'diiya) :n: **fikira**

**idiot** ('idiyat) :n: zol **beliid**

**idle** (aidl) :adj: **kaslaan**

**if** (if) :conj: **kan**

**ignite** (ig'nait) :vt: **wala**

**ignorant** ('ignorant) :adj: **jahil**

**ignore** (ig'no:) :vi: **dugu naiyim**

**ill** (il) :adj; **ayaan**

**ill mannered** (il 'mæna:d) :n: **gil-adab**

**illegitimate child** (ili'jitimat chaild) :n: **jena haraami**

imagination (imæji'neeshon) :n: kiyaal

imagine (i'mæjin) :v: kayil

imitate (imi'teet) :v: haki

immediately (i'miidiyatli) :adv: tawaali .

immigration office (imi'greeshan ofis) :n: maktab jawazaat

import (im'p:t) :vt: waridu

important (im'po:tant) :adj: muhiim

impossible (im'posibl) :adj: ma mumkin

imprison (im'prizon) :vt: habas

improve (im'pruuv) :vi: biga kweys

impudent ('impyudent) :adj: gil-adab

impure (impyuua) :adj: waskaan

in (in) :prep: fi

in fact (in 'fækt) :adv: felan

in front of (in frant ov) :prep.: gidaam min

in-law ('in-lo:) :n: nasiib (nisibaat)

sister inlaw ('sista 'in-lo:) :n: hamaati

brother inlaw ('brother 'in-lo:) :n : hamai

in other words (in 'atha wa:dz) :conj.phras: yani

incense ('insens) :n: bakuur

inch (inch) :n: busa

income ('incam) :n: dakiil

incomplete (in-kom'pliit) :adj: naagis

increase (inkriis) :vt: zidu

independence (inde'pendens) :n: istiglaal

India ('indiya) :n: Hind

Indian ('indiyan) :n: Hindi

indicator (indi'keeta) :n: ... of a vehicle ishaara

indigestion (indi'jesdyan) :n: imsaak

industry ('indastri) :n: ... manufacture masna (masaani)

infectious (in'fekshas) :adj: mudiin

inflate (in'fleet) :vt: ... with air afaku

information (info:'meeshon) :n: kabara

information (info:'meeshon) :n: ...official term elaam

inhale (in'heel) :v: nafas

inheritance (in'heritans) :n: waraasa

inhospitable (inho'spitabal) :adj: garmaan

inject (in'jekt) :vi: atano hogna

injection (in'jekshan) :n: hogna

injury ('injuri) :n: ... external dabara

inner tube ('ina tyub) :n: juwaani

36

**innocent** ('inasent) :adj: … of a crime **barii**

**insect** ('insekt) :n: **hashara**

**inside** (in'said) :adv, prep: **juwa**

**insist** (in'sist) :vi: **asaru kalaam**

**insolent** ('insolent) :adj: **gil-adab**

**inspect** (in'spekt) :vt: **fetish**

**inspection** (in'spekshan) :n: **taftiish**

**inspector** (in'spekta) :n: **mufetish**

**instead** (in'sted) :adv: **bidalan min**

**instruction** (in'strakshan) :n: **taaliim**

**insult** (in'salt) :v: **sitimu**

**insult** (in'salt) :n: **sitiima**

**insurance** (in'shurans) :n: **tadmiin**

**intelligent** (in'telijent) :adj: **muk kafiif, shatir**

**intend** (in'tend) :vi: **gasid**

**intend** (in'tend) :vi: … contrary to an earlier statement **agsud**

**intention** (in'tenshan) :n: **gasid**

**interfere** (inta'fiiya) :vi: **dakal fogo**

**interference** (inta'fiirens) :n: **tadaakul**

**interpret** (in'ta:pret) :vt: **terjimu**

**interpretor** (in'ta:preta) :n: **muterjim**

**interrupt** (inta'rapt) :vt: **gata kalaam, gata wonasa**

**interview** (inta'vyuu) :n: **mugabala**

**intestines** (in'testinz) :n.pl: **musraan**

**into** (intu) :prep: **fi, juwa**

**intoxicated** (in'toksikeetid) :adj: **sekraan**

**introduction** (intra'dakshan) :n: **mugedima**

**investigation** (investi'geeshan) :n: … questioning of the suspect **tahgiig**

**investigation** (investigeeshan) :n: … search for criminal **tahaari**

**investigator** (in'vestigeeta) :n: **mutahari**

**invitation** (invi'teeshan) :n: **azuuma**

**invite** (in'vait) :vt: **azam**

**iron** ('aiyan) :n: … element **hadiid**

**iron** ('aiyan) :n: … for ironing **makwa**

**iron** ('aiyan) :vt: **akwi**

**irritate** (iri'teet) :vt: …annoy **azibu**

**Islam** (Is'laam) :n: **Islaam**

**Islamic Law** (i'slæmik lo:w) :n: **shariiya**

**island** (ayland) :n: **jeziira (juzuur)**

**itch** (itch) :vi: … to feel irritation of the skin **furfur**

**itch** (itch) :v: … to scratch **agrus**

**ivory** ('aivari) :n: **sin ta fiyl**

# J j

jackal ('jækal) :n: **basham**

jack (jæk) :n: ... for lifting cars **afriita**

jacket ('jæket) :n: **bedela**

jam (jæm) :n: **muraba**

jar (jaa) :n: **ilba**

jaundice ('jo:ndis) :n: **jondis**

job (job) :n: **shugul**

join (joyn) :vt: see "stick, tie,"

joke (jook) :vi: **haziru**

joke (jook) :n: **awaanda, hizaar**

journey ('ja:ni) :n: **mumariiya**

judge (jadj) :n: **gadi**

jug (jag) :n: **jag, kula**

jump (jamp) :v: **nutu**

jump (jamp) :vi: ... start with suprise **kala**

jumper ('jampa) :n: ... thick outer shirt **faniila**

just (jast) :adv: ... implying without reason **sakit**

# K k

keep (kiip) :vt: ... look after **hafisu**

kerosene ('kerasiin) :n: **jaz abiyad**

kettle ('ketal) :n: **baraad**

key (kii) :n: **muftaa (mufaati)**

khaki ('kaaki) :adj, n: **kaki**

kick (kik) :vt: **shalatu, dugu maa kuraa**

kidney ('kidni) :n: **kilwa**

kill (kil) :vt: **katalu**

kind (kaind) :n: type **now**

kindergarten ('kindagaaten) :n: **roda**

kindness ('kaindnes) :n: ... an act thereof **maaruuf**

king (king) :n: **melik**

kiosk ('kiiosk) :n: **tabliiya**

kiss (kis) :n: **kis, busa, gubla**

kitchen ('kichen) :n: **matbak**

knead (niid) :vt: **ajinu**

knee (nii) :n: **rukba**

kneel (niil) :vi: **argud**

knew (nyuu) :vt: see "know"

knife (naif) :n: **sakiin**

knock (nok) :vt: **dugu**

knock over (nok 'oova) :vt: **dugu falaatah**

knot (not) :n: **rubaat**

know (noo) :vt: **arif**

well **known** (wel noon) :adj:
**maaruuf**

knuckle ('nakal) :n: **lokonggoro**

wrap with the **knuckles** (rap
widh dha nakalz) :v.phras:
**dugu lokonggoro**

# L l

laboratory (la'boratori) :n:
**maamal**

labour ('leeba) :n: **shugul**

labourer ('leebara) :n: **aamil**
**(umaal)**

lace (lees) :n: for decoration
**silsila**

lace (lees) :n: **habil ta jizma**

ladder (læda) :n: **silim**

ladle ('leedal) :n: **kubsha**

lady (leedi) :n: **mara (niswaan)**

lake (leek) :n: **buheera**
**(buhiraat)**

lame (leem) :n: person.. **abu**
**kuraa**

lamp (læmp) :n: ... hurricane
**lamba, fanuus**

lamp post (læmp poost) :n:
**amuud**

pressure **lamp** ('presha læmp) :n:
**ratiina**

language ('langwij) :n: ... local
**rotaan**

language ('langwij) :n: ...
international **luga**

large (laaj) :adj: ... loose fitting
**waasi**

large (laaj) :adj: **kebiir**

larger (laaja) :comp.adj: **akbar**

lash (læsh) :vt: **jeledu**

last (laast) :adj: **akir**

last born (laast bo:n) :n: **akir**
**leben**

last month (laast mandh) :n:
**shahar al fat**

latch (læch) :n: **sagaata**

late (leet) :adj, adv: **muta-akir**

latrine (la'triin) :n: **mustaraa,**
**adbakaana**

laugh (laaf) :n: **dehik**

laugh (laaf) :vi: **ataku**

law (lo:) :n: **ganuun**

lawsuit ('lo:suut) :n: **gadiiya**

lawyer ('lo:ya) :n: ... advocate
**muhami**

lay (lee) see "lie" .

lay the table (lee dha 'teebal)
:v.phrase: **ferish tarabeeza**

layer ('leeya) :n: **tabaga**

lazy ('leezi) :n: **kaslaan**

lead (led) :n: ...  metal **rasaas**

lead (liid) :vt: **gedim**

lead on (liid on) :vt: ...  to encourage someone to make a fool of themselves **leymu**

leader (liida) :n: **rayis**

leaf (liif) :n: **waraga, roshaal, korofa** .

leak (liik) :vi: **naga**

leaking ('liiking) :part: ...  holed **magduud**

lean (liin) :adj: ...  of meat **tomiin**

lean on (liin on) :vt: **teki**

leap (liip) :vt: **nutu**

learn (la:n) :vt: **alim, hafisu**

leather ('ledha) :n: **jilid**

leave (liiv) :vt: **sibu**

leave (liiv) :n: ....  from duty **ijaaza**

led (led) ...  see "lead"

left (left) :n: **shimaal**

left (left) ...  see "leave"

left overs (left ovaz) :n: ...  from previous day **baita**

leg (leg) :n: **kuraa (kureen)**

leisure ('lezha) :n: **raha**

lemon ('leman) :n: **lemuun mor**

lend (lend) :vt: ...  refering to things other than money **salif**

lend (lend) :vt: ...  refering to money wodii **deyn**

length (length) :n: **tul**

lengthen ('lengthen) :vt: **towlu**

lens (lenz) :n: **adasa**

lent (lent) see "lend"

lentils ('lentalz) :n: **adas**

leopard ('lepa:d) :n: **nimir**

leper ('lepa) :n: **jengali, abras**

leprosy ('leprasi) :n: **jengali**

less than (les dhan) :comp.adj: **shweya min**

less than (les dhan) : comp. adv: **agaala min**

lesson ('lesan) :n: ...  period **hisa**

let (let) :vt: **sibu**

letter ('leta) :n: **jawaab**

letter ('let a) :n: ...  of the alphabet **harif (huruuf)**

level ('leval) :adj: **sawa-sawa**

level ('leval) :n: **mustauwa, rutba**

lever ('liiva) :n: **leybar**

lewel hartebeest ('lewel 'haatebiist) :n: **teltel**

liability (laiya'biliti) :n: **deyn**

liable ('laiyabl) :adj: ... answerable **musuul**

liar ('laiya) :n: **kadaab, suwaata**

library ('laibrari) :n: **maktaba**

liberty ('libati) :n: **huriiya**

lice (lais) :n.pl: **gomul**

licence ('laisans) :n: **ruksa**

lick (lik) :vt: **alasu**

lid (lid) :n: **kuta**

lie (lai) :vi: ...  on the back **num gafaa**

lie (lai) :n,vi: ...  untruth or its telling **kidib**

lie down (lai dawn) :vi: **num falaatah, ragid**

life (laif) :n: ...  span of age **umur**

life (laif) :n: **haya**

lift (lift) :vt: **arfa**

light (lait) :adj: ...  of weight or importance **kafiif**

light (lait) :vt: ...  kindle **wala**

light (lait) :n: **nur**

light (lait) :adj: ...  of colour **fati**

light bulb (lait balb) :n: **lamba**

lightning ('laitning) :n:...  with thunder **saga**

like (laik) :adj: ...  resembling **ze**

like (laik) :vt: **hibu**

lime (laim) :n: **lemuun**

limestone ('laimstoon) :n: **jir**

limit ('limit) :n: **had**

line (lain) :n: ...  of things **saf**

line (lain) :n: **kat**

lined (laind) :adj: ...  ruled **musatur, mukatat**

linen ('linan) :n: **mafraash (mafaarish)**

link (link) :n: **halaga, wosla**

lion ('laiyan) :n: **ased**

lip (lip) :n: **shafa (shafaif)**

liquid ('likwid) :n: **sayil**

list (list) :n: ...  of items **kishif, lista**

listen ('lisan) :vi: **asma**

listener ('lisana) :n: **musteme**

litre ('liita) :n: **lita**

little ('lital) :adj: **sugeer**

little ('lital) :n adv: ...  few **shweya**

live (liv) :vi: ...  dwell **sakin,geni**

live (liv) :vi: ...  exist **iysh**

livelihood ('laivlihud) :n: **muesha**

liver ('liva) :n: **kibda**

living ('living) :adj: **hai**

lizard ('liza:d) :n: ...  brightly coloured **sihliiya**

lizard ('liza:d) :n: ...  which thrusts its head forward **dab**

load (lood) :n: **shona**

loaf (loof) :n: **regiif**

loan (loon) :n: **deyn**

lock (lok) :vt: **gofulu**

lock (lok) :n: **gifil**

lock (lok) :n: ...  of Yale or Chubb variety **kaluun**

locked (lokd) :adj: **magfuul**

locust ('lookast) :n: **jeraad**

41

log (log) :n: **kashab**

long (long) :adj: **tawiil**

longer ('longa) :comp.adj: **atwal**

look after (luk 'aafta) :vt: **shuf kweeys, hafisu**

look at (luk 'æt) :vt: **shuf, ainu**

look down on (luk 'daun on) :vt: **alisu, dala**

look for (luk 'fo:) :vt: **fetish**

look out (luk 'aut) :imp: **keli balak**

look up to (luk 'ap tu) :vt: **terim**

loose (luus) :adj: **waasi**

loose (luus) :adj: ... of morals **kolo**

lorry ('lori) :n: **lori (lowaari)**

lorry park (lori 'paak) :n: **mahaata**

lose (luuz) :vt: **woduru**

loss (los) :n: **kasaara**

make a loss (meek a los) :v phrase: **raja wara**

lost (lost) see "lose"

lotion ('looshon) :n: ... for the hair and body **karkaar**

loud speaker (laud 'spiika) :n: **maikrafoon**

loudly ('laudli) :adv: maa **sot aali**

louse (laus) :n: **gomul**

love (lav) :n: **hub**

love (lav) :vt: **hibu**

make love (meek 'lav) :vi: **nik**

lover ('lava) :n: **rafiiga**

lover ('lava) :n: ... male **habiib**

lover (lava) :n: ... female **habiiba**

low (loo) :adj: **tihit**

lower ('loowa) :vt: **nenzil**

low gear (loo 'giiya) :n: **tiris gowa**

loyal ('loyal) :adj: **amiin**

luck (lak) :n: ... good **ker**

luck (lak) :n: **haz, bakta**

luggage ('lagij) :n: **afash**

lunatic ('luunatik) :n: **mojnuun**

lunch (lanch) :n: **gada**

lung (lang) :n: **fashfash**

M

# M m

macaroni (mæka'rooni) :n: **makaroon**

machine (ma'shiin) :n: **makana**

machine gun (ma'shiin gan) :n: **modfa rashash**

mad (mæd) :adj: **mojnuun**

go mad (goo mæd) :vi: **jenen**

make **mad** (meek mæd) :vt: **jenen**

**madame** ('mædam) :voc:: ...
term of address to lady **seyda,
ya sit**

**made** (meed) see "make"

**madness** ('mædnes) :n: **jin**

**magazine** (mæga'ziin) :n: **mujela**

**magazine** (mæga'ziin) :n: ... of
a gun **kazana**

**magician** (ma'jishan) :n: **sihir,
hawi**

**mail** (meel) :n: **busta**

**maize** (meez) :n: **ashariif**

**make** (meek) :vt: **amilu, sala**

**make a mess** (meek a 'mes) :v:
**berjil**

**make the bed** (meek dha bed)
:v.phras: **ferish seriir**

**malaria** (ma'leriya) :n:
**maleeriya**

**malice** ('mælis) :n: **dur**

**man** (mæn) :n: **rajil (rujaal)**

**manage** ('mænej) :vt: **dir, dabiru**

**management** ('mænejment) :n:
**idaara**

**manager** ('mreneja) :n: **mudiir,
mudabir**

**mango** ('mænggo) :n: **mangga**

**mankind** (mæn'kaind) :n:
**binaadum**

**manner** (mæna) :n: ... a
particular form **tariiga**

**mannerism** ('mænarizm) :n:
**hilga**

**manners** ('mæna:z) :n.pl: **adab**

**many** ('meni) :adv, n: **ketiir**

**map** ('mæp) :n: **kariita**

**margarine** ('maajariin) :n: **zibda**

**mark** (maak) :n: **alaama**

**market** ('maaket) :n: **suk**

**markings** ('maakingz) :n.pl: ...
tribal **alamaat**

**marksman** ('maaksman) :n:
**nishaanji**

**married** ('mærid) :part: **muzowij**

**marrige certificate** ('mærij
sa:'tifikat) :n: ... Muslim
**gisiima**

**marry** (mæri) :v: **jowzu, jowizu**

**massage** (mæ'saazh) :vt: **asaru
adalaat ta zol**

**mat** (mæt) : n: ... of papyrus
stalks **hasiira**

**mat** (mæt) :n: ... of thin plaited
grass **birish**

**match** (mæch) :n: **kabriit**

**matchbox** ('mæchboks) :n:
**karoosa**

**matchstick** ('mæchstik) :n: ...
one match **gesh ta kabriit**

**matress** ('mæres) :n: **martaba**

**matron** ('meetran) :n: ... in a
hospital **rayis ambar**

what is the **matter** (wot iz dha
mæta) :interog. phr: **malo**

meal (miil) :n: **wojba**

mean (miin) :adj: ... average **mutawasit**

mean (miin) :n: ... stingy **garmaan**

meaning ('miining) :n: **mana**

it means (it miinz) :vt: ... ie., in other words **yani**

measure ('mezha) :vt: **gisu, abaru**

measurement ('meezhament) :n: **magaas**

measures ('mezhaz) :n: ...legal **ijiraat**

meat (miit) :n: **laham**

dried meat (draid miit) :n: ... sun dried strips of lean meat **sharamuut**

mechanic (ma'kænik) :n: **makaniiki**

medical assistant ('medikal a'sistant) :n: **musayid hakiim**

medicine ('medisin) :n: **dawa**

medium ('miidiyam) :adj: **muta wasit**

meet (miit) :v: **gabil,limu**

meeting ('miiting) :n: **intimaa**

megaphone ('megafoon) :n: **maikrafoon**

member (memba) :n: ... of an organization **udu (aada)**

memory ('memari) :n: **zekira**

men (men) :n.pl: see "man"

mend (mend) :v: **sala**

menstrual period ('menstral 'piiriyad) :n: **dowra shahariiya**

merchandise ('ma:chandaiz) :n: **budaaha**

mercy ('ma:si) :n: **rahma**

message ('mesej) :n: **kabar**

messenger ('mesenja) :n: **murasala**

messy (mesi) :adj: ... disordered fashion **sambala, muberjil**

met (met) see "meet"

metal ('metal) :n: **hadiid, filiz**

meter ('miita) :adj: ... for measuring electricity or water **adaad**

method ('methad) :n: **tariiga**

mice (mais) :n.pl: **feraan**

microphone (maikro'foon) :n: **maikrofoon**

microscope (maikro'skoop) :n: **maikroskoob**

middle ('midal) :n: **nus**

midwife ('midwaif) :n: **daya**

mile ('mayal) :n: **mayal**

milk (milk) :n: **leben**

fresh milk (fresh milk) :n: **haliib**

sour milk ('sauwa milk) :n: **rowb**

mill (mil) :n: **tahuuna**

millet ('milit) :n: **dura**

finger millet (fingga milit) :n: **dukun**

44

mimic ('mimik) :vt: **mesil**

minister ('minista) :n: **waziir**

ministry ('ministri) :n: **wazaara**

mint (mint) :n: **naanaa**

minus ('mainas) :prep: ... in arithmetic **nagis**

minute ('minit) :n: **dagiiga (dagaig)**

miracle ('mirikl) :n: **ajuuba**

mirror (' mira) : n: **miraiya**

miscarry (mis'kæri) in Juba Arabic one says "the child fell (woga), or spilt (dofagu)"eg: Mary miscarried / jena ta Mary woga (dofagu)

miserable ('mizrabal) :adj: **miskiin**

miserly ('maizali) :adj: maa **ida gowi**

misfortune (mis'fo:tyun) :n: **haz bataal**

miss (mis) :v: ... fail to hit **jeli**

mission ('mishan) :n: ... a church station **mishon**

missionary ('mishanari) :n: **abuuna**

mistake (mis'teek) :n: **galat**

mistaken (mis'teekan) :adj: **galtaan**

mix (miks) :V: **lakbat**

mix (miks) :vt: ... with the hands **ajinu**

moan (moon) :vi: **kore**

mock (mok) :vt: **ataku le**

moist (moyst) :adj: **ratib, leyn**

moisture ('moystya) :n: **ratuuba**

mole (mool) :n: ... spot on the skin **shama**

moment ('mooment) :n: **dagiiga**

this **moment** (dhis 'mooment) :adv: **hasa de**

money ('mani) :n: **guruush**

monkey ('manki) :n: **makaaku**

month (mandh) :n: **shahar (shuhuur)**

moody ('muudi) :adj: **muzaji**

moon (muun) :n: **gamar**

more (mo:) :pron, adv: **ziyaada, tani**

more (mo:) :comp.adj: **aktar**

morning ('mo:ning) :n: **sabaah**

mortar ('mo:ta) :n: ... for building **muna**

mortar ('mo:ta) :n: ... for grinding **funduk**

mortuary ('mo:tyuri) :n: **mashraba**

mosque (mosk) :n: **jamiiya**

mosquito (mas'kiitoo) :n: **ba-uuda, namuus**

mosquito net (mo'skiito net) :n: **namusiiya**

mother ('madha) :n: **um, uma**

mother ('madha) :n: ... very affectionate **yumis**

mother ('madha) :n: ...
respectful term of address to
an older woman **yuma**

mother ('madha) :n: ...  of new
born child **nafasaa**

motor ('moota) :n: **makana**

motorbike ('mootabaik) :n:
**motor**

mound (maund) :n: **kom**

mount (maunt) :v: **tala fok**

mount (maunt) :vt: ...  get into
or onto a vehicle **arkab**

mountain ('maunten) :n: **jebel
(jubaal)**

mourners ('mo:naz) :n.pl.:
**haznaniin**

mouse (maus) :n: **far (feraan)**

moustache (mas'taash) :n: **sanab**

mouth (mauth) :n: **kasma**

move (muuv) :vt: **rahalo min**

movement ('muuvment) :n:
**haraka**

Mr (mista) :n: ...  prefix of
respect **seyd** .

Mrs (Misis) :n: **seyda**

much (mach) :adj, adv: **ketiir**

mucus ('myukas) :n: ...  phlegm
**zugma**

mud (mad) :n:  **tiyn**

mug (mag) :n: **kos**

multiplication
(malti'plikeeshan) :n: **darba**

multiplied by (malti'plaid bai)
:phras: adrub...fi...

mummy ('mami) :n: ...  mother
**maamaa**

murder ('ma:da) :n: **katuul**

murder (ma:da) :vt: **katalu**

muscle ('masal) :n: **adal**

mushroom ('mashrum) :n:
**jaburuwataa**

music ('myuuzik) :n: **muzika**

musical instrument ('myuzikal
'instrament) :n: **aala**

musician (myuu'zishan) :n:
**fanaan (fananiin)**

muslim ('maslim) :n: **muslim**

Muslim school ('maslim skuul)
:n: **kalwa**

must (mast) :v.aux: **lazim**

mutineer ('myuutiniiya) :n:
**mutmeerid (mutmeridiin)**

mutiny ('myuutini) :n: **tamaarud**

mutton ('matan) :n: **laham
karuuf**

myself (mai'self) :pron: **nefsa tai**

46

nag (næg) :v: **ningning**

nail (neel) :n: for carpentry **musmaar (masamiir)**

nail (neel) :n: ... of fingers or toes **dufur**

nail polish (neel polish) :n: **manikiir**

naked ('neeked) :adj: **ariyaan**

name (neem) :n: **isim (asaami)**

naming ('neeming) :n: ... the naming celebration for a child carried out when the umblical cord falls off **simeeya**

napkin ('næpkin) :n: **mandiil**

narrow ('næroo) :adj: **deyig**

national ('næshanal) :n: **komi**

nationality (næsha'næliti) :n: **jins**

nationality certificate (næsha'næliti sa:'tifikat) :n: **jinisiiya**

naturally ('nætyurali) :adv: ... of course **taban**

naught (no:t) :n: **sifir**

navel ('neevel) :n: **sura**

near ('niiya) :adj, adv: **geriib**

neat (niit) :adj: **munazim, nizaam kweys**

necessary ('nese'seri) :adj: **daruuri**

neck (nek) :n: **ragaabta**

necklace ('neklas) :n: **silsila**

need (niid) :v: **awz, der**

needle (niidl) :n: **ibra**

needy ('niidi) :adj: **muhtaaj, miskiin**

neighbour ('neeba) :n: **jiraan**

nerve (na:v) :n: **asab**

nest (nest) :n: **ush**

net (net) :n: **sabaga**

never ('neva) :adv:. **kulu-kulu, abadan** e.g. Ana ma ruwa hinak kulu-kulu / I never went there

never mind ('neva maind) :imp: **maleesh**

new (nyuu) :adj: **jediid**

New Testament (nyuu 'testament) :n: **Ahad Jediid**

news (nyuuz) :n.pl: ... information **kabara**

news (nyuuz) :n.pl: ... official broadcast **akbaar**

newspaper ('nyuuspeepa) :n: **jariida**

next to (nekst tu) :adv: **jamb, geriib maa, geriib le**

nickname ('nikneem) :n: **lagab**

at night (at 'nait) :n: **bileel**

late **night** (leet nait) :n: **sahra**

**Nile** (Nail) :n: **Niyl**

**nile perch** (nail pa:ch) :n: **ijil**

**no** (noo) :adj: **mafi**   eg: mafi
  moya / there is no water

**no** (noo) :part: **la**

**nobody** ('noobodi) :n: **mafi zol**

**noise** (noyz) :n: ... unpleasant
  or disturbing sound **dowsha**

**none** (nan) :adj: **mafi**

**nonsense** ('nonsens) :n: **kalaam
farig**

**noodles** ('nuudalz) :n: ...
  usually eaten with sugar
  **shaariiya**

**noon** (nuun) :n: **duhur**

**normal** ('no:mal) :adj: **ihti-aadi**

**north** (no:th) :n: **shimaal**

**Northerner** ('no:dhana) :n:
  **shimaali (shimaliin)**

**nose** (nooz) :n: **anaafa**

**not** (not) :neg adv: **ma**

**note** (noot) :n: **muzekira**

**note pad** (noot pæd) :n: **daftar**

**nothing** ('nathing) :n: **mafi haja**

**notice** ('nootis) :n: **elaan**

**now** (nau) :adv: **hasa, hasa de**

**number** ('namba) :n: **nimra**

**nun** (nan) :n: **rahaba**

**nurse** (na:s) :n: **tamaaragi**

**nut** (nat) :n: **samuula**... metal

**oath** (ooth) :n: ... legal **haliifa**

**object to** (ob'jekt tu) :vt: **aba**

**observe** (ob'zerv) :vt: **lahiz**

**obstruct** (obs'trakt) :vt: **akis**

**occupation** (okyupeeshon) :n:
  **woziifa, shugul**

**occupied** ('okyupaid) ...   see
  "occupy"

**occupy** ('okyupai) :vt: ...   dwell
in **sakin fi, geni fi**

**occur** (o'ka:) :vi: **hasil**

**odour** ('ooda) :n: **riyha**

**of** (ov) see grammar section 2:3
  :prep: **ta, bita**

**of course** (ov'ko:s) :phrase: **taban**

**off** (of) :prep: **bara**

**offence** (o'fens) :n: **jenaiya,
  jeriima**

**offer** ('of a) :vt: **fadal**

**official** (o'fishal) :n: **muwazif,
  efeendi**

**office** ('of is) :n: **maktab**

**official** (o'fishal) :adj: **resmi**

**often** ('often) :adv: **tawaali, maraat ketiir, badi maraat**

**how often** (hau 'often) :interrog: **kam mara**

**oil** (oyl) :n: **zeyt**

**oil** (oyl) :n: ... crude **betrol**

**ointment** ('oyntment) ~n: dihaan, barham

**okra** ('okra) :n: **bamiya**

**old** (oold) :adj: ... inanimate objects **gadiim**

**old** (oold) :adj: ... living things **ajuus**

**olive** (oliv) :n: ... the fruit **zaituun**

**olive oil** (cliv oyl) :n: zeyt **zaituun**

**omen** ('oomen) :n: ... of bad luck **fagaara**

**omit** (oo'mit) :vt: **sibu bara**

**once** (wans) :adv: **mara wahid, dur wahid**

**onions** ('anyanz) :n.pl: **basal**

**only** ('oonli) :adv: **bes, fakat** e.g. huwa jibu wahid beyd bes / he only brought one egg

**open** ('oopen) :vt: **fata**

**open** ('oopen) :adj: **maftuuh, fadi**

**operating theatre** (opa'reeting 'thiiyata) :n: **oda ta amaliiya**

**operation** (ope'reeshon) :n: surgical **amaliiya**

**opportunity** (opo:'tyuuniti) :n: **fursa**

**oppose** (o'pooz) :vt: **aridu, akis**

**opposite** ('opasit) :n: **aks**

**opposite to** ('opasit tu) :prep: **mugabil le**

**oppressed** (o'presed) :adj: **muzluum**

**opress** (o'pres) :vt: **zulum**

**or** (o:) :conj: **awa, wala** e.g. ana awz sukar awa asil / I want either sugar or honey

**orange** ('oranj) :n: **burtugaal**

**order** ('o:da): v: ... ask in advance amilu **talab**

**order** (o:da) :n: ... command **amr (awaamir)**

**order** ('o:da) :vt: ... to command **amaru**

**ordinary** ('o:dineri) :adj: **ihti-aadi**

**organization** ('o:ganai'zeeshon) :n: **munazima**

**original** (o'rijinal) :adj: **azli**

**ornament** ('o:nament) :n: **fundisiiya**

**orphan** ('o:fan) :n: **yatiim (aytaam)**

**ostrich** ('ostrich) :n: **naam**

**other** ('adha) :adj, n: **tani**

**ourselves** (awa'selvz) :pron: **nefsa tana**

**outcome** ('autkam) :n: **natiija**

49

outerspace (auta'spees) :n: **falk**

outside (aut'said) :adv, n: **bara**

oven ('avan) :n: **furn**

over ('oova) :prep: ... above **fok**

overcoat ('oovakoot) :n: **kabuut**

overseer (oova'siiya) :n: **mulahiz**

overtake (oova'teek) :vt: **sibu... wara**

overturn (oova'ta:n) :vt: **aglib**

owl (aul) :n: **bowma**

owner ('oona) :n: **sid**

ox (oks) :n: **towr**

# P p

patch (pæch) :n: ... used for repair **ruga**

padlock ('pædlok) :n: **tabla**

pagan ('peegan) :n: **kafir (kafruun)**

page (peej) :n: ...of book **safaha, warag**

paid (peed) see "pay"

paint (peent) :n: **boya**

paint (peent) :vt: **dugu maa boya**

paintbrush ('peentbrash) :n: **fursha ta boya**

painter ('peenta) :n: ... of pictures **resaam**

painter ('peenta) :n: ... of buildings **nagaash**

pair ('peeya) :n.pl: **joz**

pale (peel) :adj: ... in colour **fati**

palm (paam) :n: ... of the hand **kat**

palm tree (paam trii) :n: **nakal**

pan (pæn) :n: **hala, kazarown**

panga ('pængga) :n: **satuur, maseet**

pangolin (pæn'goolin) :n: ... type of ant eater **abu gishir**

panic ('pænik) :n: **faja**

pants (pænts) :n.pl: **libaas, neks**

papa (pa'paa) :n: ... children's language **baabaa**

papaiya (pa'paiya) :n: **paipai**

paper ('peepa) :n: **waraga (awraag)**

parachute ('pærashuut) :n: **barashot**

parade (pa'reed) :n: **tabuur**

parade of cars (pa'reed ov kaaz) :n. phras: ... in celebration of a special event **seyra**

Paradise ('pæradais) :n: **Samaa**

paraffin ('pærafin) :n: **jaz abiyad**

parcel (paasal) :n: **tarid**

park (paak) :n: **hadiika**

parrot ('pærot) :n: **kukaluu, bagbagaa**

part (paat) :n: ... small **haba, gisma**

party ('paati) :n: ... social reception **hafla**

party ('paati) :n: ... political **hizb**

pass (paas) :vt: ... in any kind of test **naja**

pass (paas) :vt: **futu**

passenger ('pæsenja) :n: **rakib (rukaab)**

passport ('paaspo:t) :n: **basbort, jawaz safar**

past (paast) :n: **zamaan**

pastor ('paasta) :n: **bastor**

path (paath) :n: **sika ta kuraa**

patience ('peeshens) :adj: **subur**

patrol (pa'trool) :n: **maruur**

pay (pee) : n: ... wages **mahiiya**

pay (pee) :v: **dafa**

peace (piis) :n: **salaam**

peacefully ('piisfali) :adv: maa **insaniiya**

peanuts ('piinats) :n: **ful, ful sudaani**

peas (piiz) :n: ... only found in tins **basila**

black-eyed peas (blak aid piiz) :n: **lubiya**

cow peas (kau piiz) :n: **logwodi**

pedal ('pedal) :n: **bedal**

peel (piil) :n: **gishir**

peel (piil) :v: **gishiru**

peer at (piiya at) :rl: **towgu**

pen (pen) :n: ... for writing **galam**

pen (pen) :n: ... enclosure **gafas**

ball-point pen (bol: poynt pen) :n: **galam nashif**

fountain pen ('faunten pen) :n: **galam hibir**

penalty ('penalti) :n: **garaama**

pencil ('pensil) :n: **galam rasaas**

pencil sharpener ('pensil 'shaapna) :n: **baraiya**

penicillin (peni'silin) :n: **benesiliin**

penis ('piinis) :n: **zib**

penniless ('penilas) :adj: **mufelis**

pension (' penshan) : n: **ma-ashi**

people ('piipal) :n: **nas**

people ('piipal) :n: ... refers to groups **jamaa**

people ('piipal) :n: ... the masses **jamahiir**

two people (tu piipal) :n.pl: **nafareen**

pepper ('pepa) :n: **filfil**

percent (pa:'sent) :n: **fil miya** e.g. kamsiin fil miya / fifty percent

perfect ('pa:fekt) :adj: **tamaam**

perforate ('pa:fareet) :vt: **gidu-gidu**

perfume ('pa:fyum) :n: **riyha**

perhaps (pa: 'haps) :adv: **imkin**

period ('piiriyad) :n: ... refering to school lessons **hisa**

period ('piiriyad) :n: **muda, zaman**

permission (pa: 'pamishan) :n: **izn**

permit ('pa:mit) :n: **ruksa**

person ('pa:son) :n: **zol, nafar** this **person** (dhis 'pa:son) :n: ... as in "so and so" **filaan**

personality (pa:so'næliti) :n: **aklag, shaksiiya**

perspiration (pa:spi'reeshan) :n: **aragaan**

persuade (pa: 'sweed) :vt: **habas**

perverse (pa'va:s) :adj: ... doing the opposite of what is wished, expected or reasonable **mustaabil**

pestle ('pesal) :n: **madaga**

petrol ('petrol) :n: **benziin**

petticoat ('petikoot) :n: full length **guniila**

petty ('peti) :adj; trivial **besiit**

pharmacy ('faamasi) :n: **azakaana**

philanderer (fi'landara) :n: **saluuk**

phlegm (flem) :n: **buzaak**

photograph (footagraaf) :n: **sura (aswaar)**

photograph ('footagraaf) :v: **akadu sura, sowru**

physician ('fizishan) :n: **diktowr**

physics ('fiziks) :n: **fisiya**

pick (pik) :vt: ... harvest edible leaves and fruit **legetu**

pick (pik) :vt: ... harvest ground or root crops such as peanuts or sweet potatoes **amota**

pick up (pik 'ap) :vt: **arfa**

picnic ('piknik) :n: **rihla**

picture ('pikcha) :n: **resim**

piece (piis) :n: **haba,gitaa**

small **pieces** (smo:l piisi ) :n.pl: **heta-heta**

pierce ('piiyas) :vt: **gidu**

pig (pig) :n: :n: **kadruuk**

pigeon ('pijin) :n: **hamaam**

pile (pail) :n: ... heap **kom**

pilgrim (pilgrim) :n: ... who has been to Mecca **haj**

pill (pil) :n: **hibuub**

pillar ('pila) :n: **amuud**

pillow ('piloo) :n: **makaada**

pilot ('pailat) :n: **sawaagta tiyaara**

pimple ('pimpal) :n: **haba, (hibuub) namnam**

pin (pin) :n: **dabuus**

pincers ('pinsa:z) :n: **kamaasha**

pinch (pinch) :vt: ... nip with fingers **tongga**

pineapple ('painæpal) :n: ananaas

pink (pink) :adj: bambi

pipe (paip) :n: ... cylindrical duct masuura

pipe (paip) :n: ... for smoking kodos, duwaaya

pistol ('pistal):n: maseedez

piston ('pistan) :n: biston

pitcher ('picha) :n: ... for water kula

place (plees) :n: mahaal

placenta (pla'senta) :n: tabiiya, kiys ta jena

plait (plæt) :vt: mesto

plan (plæn) :v: nazimu, katit

plan (plæn) :n: ... scheme of action nizaam, kota

plan (plæn): n: drawing kariita

plane (pleen): n: ... aircraft tiyaara

plane (pleen) :n: ... carpenter's tool fara

plank (plænk) :n: loho

planning ('plæning) :n: taktiit

plaster ('plaasta) :v: leysu

plaster ('plaasta) :n: ... adhesive bannage lazga

plastic (' plæstik}:) : n: blastiik

plastic bag (plæstik bag) :n: kiys naiylon

plate (pleet) :n: ... tableware sahan

plate (pleet) :n: ... of porcelain sahan sin

platform (plætfo:m) :n: mastaba

play (plee) :v: alabu

play a practical joke on (plee a præktikal jook on) :n: leymu

please (pliiz) :vt: ajib

please (pliiz) :imp: ... in Juba Arabic always placed at the beginning of the sentence kide

pleats (pliits) :n.pl: keshkesh

pliers ('plaiyaz) :n: zeradiiya

plimsol ('plimsal) :n: kabak

plot (plot) :n: ... officially divided unit of land wotan (awtaan)

plug (plag) :n: ... electrica kobs

plump (plamp) :adj: semiin

plus (plas) :prep: ... as in "two plus two" zaid

plywood (plai:wud) :n: abla kash

pocket (' poket) : n: jeba

point (poynt) :n: ... dot nukta

point (poynt) :n: ... extreme end kasma

point at (poynt æt) :vt: midu

poison ('poyzan) :n: sim

poison ('poyzan) :v: samam

pole (pool) :n: ... with forked head used for building sheba

pole (pool) :n: kashab

electricity **pole** (elek'trisiti pool): n: **amuud**

**police** (po'liis) :n: **boliis**

**police** (po'liis) :n: ... of a tribal chief **sirikaali**

**polish** ('polish) :vt: **masa**

**polish** ('polish) :n: ... for furniture **jamaleeka**

**polite person** (po'lait pa:san) :n: **muadab**

**politeness** (po'laitnes) :n: **adab kweys**

**politician** ('politishan) :n: **siyaasi (siyasiin)**

**politics** (poli'tiks) :n: **siyaasa**

**pompous** ('pompos) :adj: **mudala**

**poor** (pur) :adj: **miskiin**

**porcupine** ('po:kyupain) :n: **abu shok**

**pork** (po:k) :n: **laham kadruuk**

**porridge** ('porij) :n: **madiida**

**port** (po:t) :n: ... for ships **minaa**

**porter** ('po:ta) :n: **gumai**

**position** (po'zishan) :n: in ... order of merit or rank **rutba**

**possession** (po'zeshan) :n: ... by spirits **jok-jok**

**possible** ('posibl) :adj: **mumkin** eg: ma mumkin ana bi-ruwa / it is not possible for me to go

**post** (poost) :n: ... wooden **kashab**

**post** (poost) :n: ... mail **busta**

**pot** (pot) :n: .... earthware pot for water **zir, gurma**

**pot** (pot) :n: ... for cooking **hala, kazarown**

**pot belly** (pot-beli) :n: **kirsha**

**pot holes** (pot hoolz) :n.pl: **dagdag**

**potatoes** (po'teetooz) :n.pl: **bataatis**

**potty** ('poti) :n: ... chamber pot **gisariiya**

**pound** (paund) :vt: **dugu maa funduk**

**pour** (po:) :v: **kubu**

**power** ('pauwa) :n: **takaat, gowa**

**practical** joke ('præktikal jook) : n: **la-ama**

**practical** joker ('præktikal 'jooka):n: including the verbal fooling of people **leyiim**

**practice** ('præktis) :n: ... exercise to improve a skill**tamriin**

**pray** (pree) :vi: **seli**

**prayer** ('preya) :n: **seli (seliwaat)**

**prefect** ('priifekt) :n: ... of a class **alfa**

become **pregnant** (bi' kam 'pregnant) :v: **hamilu**

**pregnant** ('pregnant) :adj: **hamilaan**

**prepare** (pre'peya) :vi: **jahizu**

present ('prezent) :adj: **mojuud, hadir**

present ('prezent) :n: ...   a gift **hadiiya**

press (pres) :vt: **asaru**

pretend (pre'tend) :v: **mesil**

pretty (priti) :adj: **giyaafa, jamiil**

price (prais) :n: **taman, seyr**

pride (praid) :n: **takabir**

priest (priist) :n: **abuuna**

print (print) :v: **taba**

prison ('prizan) :n: **sijin**

prison officer ('prizon ofisa) :n: **dabit sijuun**

prison warder ('prizon wo:da): n: **sijaan**

prisoner ('prizana) :n: **mobuus, masjuun (mobusiin)**

prize (praiz) :n: **ja-iza**

problem ('problem) :n: **mushkila (mushaakil)**

problem ('problem) :n: **kalaam**

proceedings (pros'iidingz) :n.pl: **ijiraat**

procuration (prokyu'reeshon) :n: **tawakiil**

profit ('profit) :n: ... excess of sales income over costs **maksab, ribe**

profit ('profit) :n: ...   benefit **faida**

programme ('proogræm ) :n: **barnaamij**

prohibited (proo'hibitid) :part: **mamnuu**

project ('projekt) :n: **mashruu**

promise ('promis) :V; **halif**

promote (pro'moot) :vt: **ruga-u**

promotion (pro'mooshon) :n: **targiya**

pronounciation (pro'naunsi-eeshon) :n: **nutug**

prophet ('profet) :n: **nebi**

prostitute ('prostityut) :n: **saramuuta (saramit)**

proud (praud) :adj: **mutakabir**

province (provins) :n: **mudariiya**

pull (pal): v: **juru**

pulse (pals) :n: **darabaat ta gelba**

pump (pamp) :n: **taruumba**

pumpkin ('pampkin) :n: **banjok**

punch (panch) :n: ...   handtool **sumbuk**

punch (panch) :vt: ...   hit **dugu maa buniya, dugu boks**

puncture ('pankchya) :n: **kurum**

punish ('panish) ':vt: **akibu**

punishment ('punishment) :n: **ikaab**

pure ('pyuwa) :adj: **safi**

purple (pa:pl) :adj: **banafseeji**

purse (pa:s) :n: **jislaan**

pursue (pa:su) :vt: **toruju**

pus (pas) :n: **mida**

**push** (push) :vt: **liju**

**put** (put) :vt: **kutu**

**put in place** (put in plees) :vt phras: ... used in mechanics or building **rekibu**

**put on** (put on) :vt: ... dress **libis**

**python** (paithon) :n: **asala**

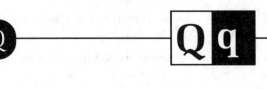

**qualification** ('kwolifi'keeshan): n: **ahliiya**

**quarrel** ('kworel) :n: **shakila**

**quarrel** ('kworal) :V: **korekore**

**quarter** (kwo:ta) :n: ... of a town **hai, hila**

**queen** (kwiin) :n: **melika**

**queer** (kwiiya) :adj: **awiir**

**question** ('kwestyan) :n: **suaal**

**queue** (kyuu) :n: **saf**

**quick** (kwik) :adj: **serii**

**quickly** ('kwikli) :adv: **gwam**, bi sura

**quiet** ('kwajyet) :adj: ... unassuming **miskiin**

**quiet!** ('kwaiyet) :imp: **askut**

**rag** (ræg) :n: **dulgaan**

**ran** (ræn) ... see "run"

**rabbit** ('ræbit) :n: **arnab**

**rabid** ('ræbid) :adj: **saaraan**

**rabies** ('reebiiz) :n: **saar**

**race** (rees) :n: **sabak-sabak**

**racket** ('ræket) :n: ... for sport **madraba**

**radio** ('reediyoo) :n: **radiyoo**

**railway** ('reelwee) :n: **sika hadiid**

**rain** (reen) :n: **matar**

**rainbow** (reenboo) :n: **kos-kuza**

**rainy season** (reeni siizon) :n: **kariif**

**raise** (reez) :vt:: **arfa**

**rake** (reek) :n: **morfai-i**

at **random** (æt'randam) :adv: **sambala**

**rank** (rænk) :n: **woziifa, rutba**

rape (reep) :vt: **nyakamo biniiya**

rare (reer) :adj: ... uncommon **nadir**

rat (ræt) :n: **far (feraan)**

ration ('ræshan) :n: **juraiya**

raw (ro:) :adj: **ney**

razor ('reezo:) :n: makana **haleega**

razor blade ('reezo: bleed) :n: **mus**

reach (riich) :v: **woselu**

read (riid) : v: **agra**

reading ('riiding) :n: **giraiya**

ready ('redi) :adj: **jahiz, hadir** .

make ready (meek'redi) :vt: **jahizu**

real (riil) :adj: **azli**

really ('riili) :interrog: **seyi, bilai, wolai** .

rear ('riiya) :vt: **raba**

reason ('riizan) :n: **sabab (asbaab)**

rebel ('rebal) :n: **mutmeerid (mutmeridiin)**

receipt (ri'siit) :n: **fatuura**

receive (ri'siiv) :vt: .... accept delivery or take something offered into one's possession **istelim, akadu**

recklessness ('reklesnes) :n: **ihmaal**

reconcile ('rekonsail) :vt: **sala kalaam beyn**

record (re' ko : d) : v: **sejil**

record player ('reko:d 'pleeya): n: **bikab**

recruit (ri'kruut) :n: **mujenid**

recruit (ri'kruut) :vt: **jenid**

raw recruit (ro: ri'kruut) :n: **lukaruuti**

red (red) :adj: **amer**

redivision (riidi'vizhan) :n: **kokora, tagsiim**

reduce (ra'dyuus) :vt: **nagisu**

reed (riid) :n: ... used for fencing **bus**

reek (riik) :vi: **afin**

refridgerator (re'frijareeta) :n: **talaaja** .

refugee (refyuujii) :n: **laji, refyujii (laja-iin, nas refyujii)**

refuse (ri'fyuuz): v: **aba**

register ('rejista): v: **sejil**

regret (ri'gret): v: ... be sorry for **asif**

reject (ri'jekt) :vt: **aba**

relate (ri'leet) :vt: .... events or a story **haki**

in relation to (in releeshon tu): adverbial phrase: bi **nizba le**

religion (ri'lijan) :n: **diyn**

remain (ri'meen) :vi: ... stay put **geni**

remember (ri'memba): v: **zekir**

remind (ri'maind) :vt: **zekir**

**remove** (ri'muuv) :vt: **shilu bara**

**renew** (ri'nyuu) :vt: **jedidu**

**rent** (rent) :n: **ujara**

**rent** (rent) :vt: **ajiru**

**repair** (ri'peer) :n: **teslih**

**repair** (ri' peer) :vt: **sala**

**repay** (ri'pee) :vt: **dafa**

**repeat** (ri'piit) :v: **keriru**

**replied** (ri'plaid) ... see "reply"

**reply**(r'iplai):v: **rudu**

**reply** (ri'plai) :n: **rad, jawaab**

**report** (ri'po:t) :n: **tegriir**

**report** (ri'po:t) :vi: ... a matter to the police **balak, fata balaak**

**republic** (re'pablik) :n: **jumhuriiya**

**reputation** (repyu' teeshon) :n: **suma**

**require** (ri'kwaiya) :vt: ... need **awz**

**reserve** (ri'za:v) :vt: **hafisu**

**reservoir** ('reza:vwaa) :n: **kazaan**

**resign** (ri'zain) :vt: gedim **istigaala**

**resignation** (rezig' neeshon) : n: **istigaala, istifaa**

**respect** (rispekt) :n: **ihtiraam**

**respect** (rispekt) :vt: **terim**

**responsibility** (risponsi'biliti) :n: **musuliiya**

**responsible for** (ri 'sponsibl fo:) n: **musuul**

**rest** (rest) :n: **raha**

**rest** (rest) :vi: **akadu raha**

**rest house** (rest haus) : n: **istirah**

**restaurant** ('restorant) :n: **matam, kuluub**

**restless** ('restless) :adj: **zahjaan**

**result** (ri'zalt) :n: **natiija**

day of **resurrection** (dee ov reza:rekshon) :n: **giyaama**

**retire** (ri'taiyad) :adj: **ma-ash**

**retreat** (ri'triit) :vi: **raja wara**

**return** (ri'ta:n) :v: **raja**

**revenge** (ri'venj) :n: **taar**

**revenge** (ri'venj) :vi: **akadu taar**

**revenue** ('revenyu) :n: **dakiil**

**revision** (ra'vizhon) :n: ... of school work **muraja**

**revolution** (revo'luushon) :n: **inggilaab, sowra**

**revolver** (re'volva) :n: **maseedez**

**reward** (ri'wo:d) :n: **ja-iza**

**rhino** ('rainoo) :n: abu **garuun**

**ribbon** ('riban) :n: **shariit**

**rice** (rais) :n: **rus**

**rich** (rich) :adj: **gani, ganiyaan**

**ride** (raid) :v: **sugu, arkab** .

**rifle** (raifl) :n: **bundukiiya**

**right** (rait) :adj, adv: **sah**

**right** (rait) :n: **yamiin**

right (rait) :n: ... just claim **hak (huguuk)**

rigid ('rijid) :adj: **gowi**

ring (ring) :n: ... on finger **katim, dibla**

rinse (rins) :vt: **musmus**

rinse (rins) :vi: ... wash the body quickly or selectively **shetifu**

rinse the mouth (rins dha mouth) :vi: **koskos, madmad**

rip (rip) :vt: **seretu**

ripe (raip) :adj: **nigitu**

rise (raiz) :n: ... in a road or path **mutaala**

rise (raiz) :n: ... of pay **zid-mahiiya**

rise (raiz) :vi: **gum fok**

river ('riva) :n: **bahar**

rivet ('rivet) :n: **barshama**

road (rood) :n: **sika**

rob (rob) :vt: **nyakamo**

rock (rok) :n: **hajer**

rocket (' roket ) : n : **sheruuk**

rode (rood) ... see "ride"

roll (rool): v: ... turn over and over **dardeg**

roll up (rool 'ap) :vt: **lifu**

roof (ruuf) :n: **ras beyt, sagab**

roof truss (ruuf tras) :n: **jabalon**

room (ruum) :n: ... part of house **oda**

room (ruum) :n: ... space **mahaal**

root (ruut) :n: **irig (uruug)**

rope (roop) :n: **habil, dubaara**

rose (rooz) .... see "rise"

rotten ('roten) : adj : **afin**

rough (raf) :adj: .... texture of material **kishin**

roughly (rafli) :adv: ... with violence bi **rujaala**, maa **rujaala**

round (raund) :adv, prep: **hawl**

round (raund) : adj: .... circular **madauwar**

round (raund) :adj: ... spherical **golong-golong**

row (roo) :n: **saf**

rub (rab) :vt: **adako**

rub in (rab in) :vt: **masa**

rub out (rab aut) :vt: **masa bara**

rubber ('raba) :n: ... eraser **masaa, istiika**

rubber solution ('raba sa'luushan) :n: **selsiyon**

rubbish dump ('rabish damp) :n: **kusha**

rubble (rabl) :n: **redmiiya**

rug (rag) :n: **bataniiya**

rule (ruul) :n: ... regulation **hukum, taltmaat**

rule (ruul): v: **hakimu**

ruled (ruuld) :adj: ... of paper **musatur**

ruler ('ruula) :n: ... drawing instrument **mastara**

ruler ('ruula) :n: .... head of government **hakim**

rumour (ruuma) : n: **ishaa (ishaat)**

run (ran) :vi: **jere**

rural ('rural) :n: ... often used insultingly **ahaali**

rust (rast) :vi: **seger**

rusty ('rasti) :adj: **museger**

## S s

salary ('sælari) : n: **mahiiya**

sandal ('sændal) :n: ... of hard plastic, usually worn by women **bartuus**

subtract (sab'trækt) :vt: **nagisu, atrah**

sack (sæk) :n: **shuwaal**

sad (sæd) :adj: **haznaan**

sad occassion (sæd o'keezhan): n: ... often used to refer to funeral rites **haznaan** .

safe (seef) :n: **kazana**

sale (seel) :n: ... disposal of goods at lower than normal price **dalaala**

said (sed) ... see "say"

what is **said** (wot iz) sed) :n phras: **kalaam**

for **sale** (fo:'seel) :adj. phras: ta **byu**

saliva (sa'laiva) :n: **buzaak**

salt (solt) :n: **mile**

same (seem) :adj: **nefsa, sawa, sawa-sawa, wahid** eg:
De nefsa haja (This is the same thing) Awlaad hinak kulu sawa (The boys over there are all the same). Awlaad hihak kulu wahid. (The boys over there are all the same). Kitaab dak sawa-sawa ma de. (That book is the same as this).

sand (sænd) :n: **rumla**

sandal ('sændal) :n: ... of tyre rubber **mutu-keli**

sandal ('sændal). :n: ... of leather without heel support **shibshib**

sandal ('sændal) :n: ... flip-flop made from soft plastic **safingga**

sandal ('sændal) :n: ... of leather **jizma, shabat**

sandpaper ('sændpeepa) :n: **sanfara**

sandstorm ('sændsto:m) :n: habuub

sang (sæng) .... see "sing"

sanitary towel ('sæniteri 'tauwal) :n: modis

sank (sænk) .... see "sink"

sat (sæt) ... see "sit"

Satan ('seetan) :n: Ibliis

satisfied ('sætisfaid) ... with food :adj: shabaan

satisfied ('sætisfaid) :adj: ... content mabsuut, magsuut

sauce (so:s) :n: ... broth or stew accompanying the starch of a meal mulaa

saucepan ('so:span) :n: hala, kazarown

savage ('sæavaj) :adj: ... uncivilised mutawahish

save (seev) :v: ... economise wofiru, dusu fok

save (seev) :v: ... reserve hafisu

savings ('seevingz) :n.pl: towfiir

saw (so:) :n: museer

saw (so:) see "see"

say (see) :v: gul, kelim

something to say (sam thing tu see) :n. phras: kalaam

scabies ('skeebiiz) :n: jarabaan

scald (sko:ld) :v: haragu

scales (skeelz) :n.pl: ... for measurement mizaan, magiyaas

scales (skeelz) :n.pl: ... fish gishir

scare ('skeeya) :vt: kowf

scatter ('skæta) :vt: feriku, jeda sambala

scent (sent) :n: riyha

schedule ('skedyul) :n: ... work programme barnaamij

school (skuul) :n: madraasa

school boy ('skuul boy) :n: tilmiiz, talib

school girl ('skuul ga:l) :n: talimiiza, taliba

school master ('skuul maasta) :n: muderis, ustaaz

primary school (praimari skuul): n: madraasa ibtida-iiya

intermediate school (inta'miidyat skuul) :n: madraasa mutawasit, sena al aam

secondary school ('sekondri skul) :n: madraasa senawiiya, sena al aali

science ('saiyens) :n: uluum

scissors ('sizo:z) :n: magaas

scooter ('skuuta) :n: ... motor bike skuta

scorpion ('sko:piyan) :n: agrab

scouring pad ('skauring Pæd) :n: silik lamaa

scowl (skaul) :vi: ainu ma zalaan

scrape (skreep) :vt: uku

scratch (skræch) :vt: agrus

61

**screen** (skriin) :n: ... internal or external curtain **sitaara**

**screen** (skriin) :n: ... for showing films **shasha**

**screw** (skruu) :n: **musmaar bariima**

**screwdriver** ('skrudraiva) :n: **mufaak**

**scrub** (skrab) :n; **gaba**

**sea** (sii) :n: **bahar kebiir**

**seal** (siil) :n: ... official stamp **kitim**

**search for** (sa:ch fo:) :vt: **fetish**

**season** ('siizan ) :n: ... refers to a spell of weather **wota**

dry **season** (drai 'siizan) :n: **karaangga, seyf**

rainy **season** (reenii 'siizan) :n: **kariif**

**seated** ('siited) :part: **gayid**

**second** ('sekond) :adj: **tani**

**second** ('sekond) :n: of time **saniya**

**see** (sii) :v: **ainu, shuf**

**seeds** (siidz) :n.pl: **tiraab, bizra**

**seize** (siiz) :vt: **amsuku, gobedu**

**self help** (self help) :n: **awan azzati**

**selfish** ('selfish) :adj: **garmaan**

**sell** (sel) :vt: **byu bara**

**send** (send) :vt: **rasulu**

**senile** (siinail) :adj: **ajuus**

**senior to** ('siiniya tu) :adj: ... of position **kebiir min** e.g: huwa kebiir min ana / he is my senior

**senior to**(siiniya tu) :adj: ... of age **akbar min** eg: aku tai akbar min ana / my brother is my senior

**sense** (sens) :n: ... meaning **mana**

**sentence** (sentens) :n: phrase **jumla**

**sentence** (' sentens) : vt ': ... in court **hakimu**

**sentry** ('sentri) :n: **dedebaan, haris**

**sentry post** ('sentri post) :n: **korokoon**

**separate** ('separeet) :v: **fertig**

**separate** ('seprat) :adj: **barau**

**serious** ('siirias) :adj: **jed**

**servant** ('sa:vant) :n: ... not a term of address **kadaam**

**services** ('sa:visiz) :n.pl: **kidamaat**

**sew** (soo) :v: **keytu**

**sesame** ('sesami) :n: **simsim**

**sewing machine** ('soowing mashiin) :n: **makana kiyaata**

have **sex** (hæv seks) :vi: **nik**

**shabby** ('shæbi) :adj: ... dirty and old **nyongoro**

**shabby** (shæbi) :adj: .... faded **faskoon**

**shade** (sheed): n: **dul**

**shake** (sheek): vi: ... tremble **rogus, arjif**

**shake** (sheek): v: ... an object **hizu**

**shake out** (sheek out) :vt: **anfud**

**shame** (sheem) :n: **fadiiya**

**shampoo** (shæmpoo) :n: **sabuun shaar**

**shape** (sheep) :n: **shikli, sikli**

**share** ('sheeya): v: **gesim**

**shared** (sheeyad) :adj: **mushtarak**

**sharp** (shaap) :adj: **seniin**

**sharpen** ('shaapen) :vt: **seninu**

**sharpen the teeth** (shaapen dhe teehth) :phra: ... a practice among some tribes in the South **anjaru sunuun**

**shave** (sheev): v: **zeynu, haligu**

**she** (shii) :pron: ... it is more common to hear "huwa" used for both "he" and "she" **hiya**

**sheep** (shiip) :n: **karuuf (korfaan)**

**sheet** (shiit) :n: ... of paper **waraga (awraag)**

**sheet** (shiit) :n: ... bed cloth **milaiya**

**sheet** (shiit) :n: ... of metal such as zinc **loho**

**shelf** (shelf) :n: **raf**

**shell** (shel) :n: **gurgur**

**shelter** (shelta) :n: ... for cooking, sitting, etc. outside **rakuuba**

**sherry** (sheri) :n: **sheri**

**shield** (shiild) :n: **daraga**

**shine** (shain): v: **lama**

**ship** (ship) :n: **babuur**

**shirt** (sha:t) :n: **gamiis**

**shirt** (sha:t) :n: ... Arab male full length robe **jalabiiya**

**shit** (shit) :v: **akara**

**shock** (shok) :n: **sadma**

**shoe** (shuu) :n: **jizma**

**shoe polish** (shuu 'polish) :n: **warniis**

**shone** (shon) see "shine"

**shoot** (shuut) :v: **darabu**

**shoot** (shuut) :imp: **atlag**

**shop** (shop) :n: **dukaan (dakakiin)**

**short** (sho:t) :adj: **guseer**

**short-sighted** (sho:t'saitid) :adj: **dof nazar**

**shortage** ('sho:tij) :adj: ... in short supply, lack of **aadam**

**shorter** ('sho:ta) :comp.adj: **agser**

**shorts** (sho:ts) :n: ... short legged trousers **ridi**

**shot** (shot) see "shoot"

**shotgun** (shotgan) :n: **kartuush**

**shoulder** ('shoolda) :n: **kitfa**

**shout** (shaut) :v: **kore**

63

shouting ('shauting) :n: **koreraak**

shovel ('shavel) :n: **koreek**

show (shoo) :vt: **worii**

show off (shoo of) :vi: ...be pretentious **dala**

shower ('shawa) :n: ... for washing **dush**

shrank (shrænk) see "shrink"

shrink (shrink) :vi: **inkamas**

shrivel ('shrival) :vi: **yabis**

shufle (shafal) :vt: ... cards **shuku**

shut (shat) : v: **gofulu**

shy (shai) :adj: **kajil**

sick (sik) :adj: **ayaan**

sickle ('sikal) :n: **menjel, denjir**

side (said) :n: **safa, taraf**

sieve (siv) :n: **gurbaal**

sift (sift) :vt: **gurbalu**

sight (sait) :n: ... view **manzar**

sign (sain) :vt: ... make signature **mada**

sign (sain) :n: ... made by movement of a part of the body **haraka, ishaara**

sign (sain) :n: ... a shop or company **yafta**

sign (sain) :n: ... road sign or tribal markings **alaama (alamaat)**

signature ('signicha) :n: **imda**

silence ('sailens) :imp: **askut**

silent ('sailent) :adj: **sakit**

silk (silk) :n: **hariir**

silver ('silva) :n: **fida**

similar ('simila) :adj: **zeguul, ze**

simple ('simpal) :adj: **besiit**

simply ('simpli) :adv: ... without good reason, without addition **sakit**

sin (sin) :n: **katiiya**

since (sins) :prep: **min**

sincere ('sin'siir) :adj: **muklis, sadik**

sing (sing): v: **gona**

singer ('singa) :n: **fanaan (fananiin)**

sink (sink) :vi: **katis**

sir (sa:) :voc.n: ... to a teacher **ustaaz**

sir (sa:) :voc.n: **siyatak**

sister (sista) :n: **ukut (ikwaat)**

sit (sit) :vi: **geni**

sit about (sit a'baut) :vi: ... just sitting without purpose or especially waiting for somebody to come **senjir**

sit down (sit daun) :imp: **agud**

sitting ('siting) :n: ... a social evening without dancing **gaida**

size (saiz) :n: ... measurement **magaas**

skeleton ('skeletan) :n: **haikal**

skill (skil) :n: **fan**

skim (skim) :vt: **karatu**

skin (skin) :n: ... vegetable **gishir**

skin (skin) :n: .... animal or human **jilid**

skin (skin) :vt: **salako**

skin cream (skin kriim) :n: **dihaan**

skipping (skiping) :n: **hiiya**

skirt (ska:t) :n: **iskirt**

skirt (ska:t) :n: ... traditional **kazaaka**

sky (saki) :n: **samaa**

slap (slap) :vt: **nowru**

slaughter ('slo:ta) :vt: ... kill by cutting throat **daba**

slaughter house ('slo:ta haus) :n: **salakaana**

slave (sleev) :n: **abid**

sledge hammer (sledj 'hæma) :n: **marajaaba**

sleep (sliip) :vi: **num**

sleeping ('sliiping) :part: **nayim**

sleeping sickness ('sliiping 'siknes) :n: **mardanuum**

sleepy ('Sliipi) :adj: **naasaan**

sleeve (sliiv) :n: **kum**

slept (slept) see "sleep"

slide (slaid) :vi: **zeletu**

sling shot (sling shot) :n: **nibla**

slip (slip) :vi: ... implying a fall **melisu**

slip (slip) :n: ... underwear **jabuuna**

slippery ('slipari) :adj: **layuuk**

slope (sloop) :n: ... descending **nenziila**

slowly ('slooli) :adv: **biraa**

small (smo:l) :adj: **sugeer**

smaller ('smo:la) :comp.adj: **asgar**

smallholding (smo:l'hoolding): n: mahaal **ziraa, mazra**

smart (smaat) :adj: ... well dressed **giyaafa**

smash (smæsh) :v: .... break into tiny pieces **kasaru-kasaru**

smear ('smiiya) :vt: ... plaster **leysu**

smell (smel) :v: **sumu**

smell (smel) :vi: ... bad **afin**

smell (smel) :n: .... pleasant **riyha**

smell (smel) :n : ... bad **afaana**

smelly ('smeli) :n: **muafin**

smelt (smelt) see "smell"

smile (smail) :vi atako: **ibtasim**

smith (smith) :n: **hadaad**

smoke (smook) :vt: ... tobacco **sejer, ashrabu, juru, dakin**

smoke (smook) :n: **dukaan**

smooth (smuudh) :adj: **leyn, na-im**

smuggling ('smagling) :n: **mageendu**

snail (sneel) :n: **abu gurgur**

snake (sneek) :n: **dabiiba**

snare ('sneeya) :n: **sherek**

sneeze (sniiz) :vi: **atis**

snot (snot) :n: **zugma**

so (soo) :adv: … like this, thus **kida**

so and so (soo ænd soo) :n: … name given to an anonymous person **filaan-filaan**

soak (sook) :n: **bilu**

toilet soap ('toylet soop) :n: **sabuun hamaam**

soap powder (soop pauda) :n: **sabuun omo**

laundry soap ('lo:ndrii soop) :n: … cake **sabuun kasiil**

sock (sok) :n: **suraab (surabaat)**

sodomite ('sodomait) :n: **kawel**

sofa ('soofa) :n: **kanaba**

soft (soft) :adj: **leyn, na-im**

soil (soyl) :n: **turaab**

sold (soold) see "sell"

solder ('solda) :n: **lihaam**

solder ('solda) :vt: **lahamu**

soldier ('soldya) :n: … private **askeeri (asaakir)**

solid ('solid) :adj: **gowi, jamid**

some (sam) :adj: … few **shweya**

someone ('samwan) : n: **zol wahid**

song (song) :n: **gona**

soon (sun) :adv: **geriib, badi shweya**

sorcerer ('so:sara) :n: **sahaara**

sore (so:) :n: **dabara**

sorrow ('soroo) :n: **huzn**

sorry ('sori) :interrog: … request for repetition of what has been said **naam**

sorry ('sori) :phras: … expressing regret for illness or death **kafaara**

sorry! ('sori) :int: … for small matter **sori**

sorry ('sori) :vi: … for very serious offences **asif, muta-asif**

soul (sool) :n: **roho**

sound (saund) :n: **sot**

soup (suup) :n: **shurba**

sour (sauwa) :adj: **hamud**

south (sauth) :n: **januub**

Southern Sudanese ('Sathan Suuda'niiz) :n: **januubi**

sow (soo) :vt: **zara tiraab, jeda tiraab**

spade (speed) :n: **koreek**

spaghetti (spa'geti) :n: **basta**

spanner ('spæna) :n: **muftaa (mafaati)**

adjustable spanner (a'justabl 'spæna) :n: **muftaa ingliizi**

open-ended spanner ('oopen-'ended spæna) :n: **muftaa beledi**

spare ('speeya) :adj: **ma endu shugul**

spare ('speeya) :n: ... vehicle part **isbeer**

spark (spaak) :n: **sharaara**

spat (spæt) ... see "spit"

speak (spiik) :v: **kelim**

spear ('spiiya) :n: **harba**

spear ('spiiya) :vt: **atano maa harba**

special ('speshal) :adj: **maksuus**

spectacles ('spektiklz) :n: **nadaara**

speech (spiich) :n: ... an official address **kutba**

speed (spiid) :n: **sura**

spend (spend) :vt: ... more money than desirable **karabu guruush**

spend (spend) :vt: ... doesn't necessarily imply the use of money **daya**

spent (spent) see "spend"

sperm (spa:m) :n: **meni, bul ta wolidu**

spices ('spaisiz) :n.pl: **buharaat**

spider ('spaida) :n: **ankabuut, abu ket**

spike (spaik) :n: ... sharp protrusion **shok**

spill (spil) :v: **kubu, dofagu**

spine (spain) :n: **silsila fagariiya**

spinster ('spinsta) :n: **azaaba**

spirit ('spirit) :n: **roho**

spirit ('spirit) :n: ... of the dead **baati**

spirit level ('spirit 'leval) :n: **mizaan moya**

spit (spit) :v: **tufu**

spite (spait) :n: **dur**

spittle ('spital) :n: **buzaak**

spleen (spliin) :n: **abdamaam**

splinter ('splinta) :n: **shok**

split (split) :v: **faga, shegigu**

spoil (spoyl): vt: **karabu**

spoke (spook) ... see "speak"

sponge (spanj) :n: ... used to describe foam mattress or cushion **isfoonj**

spoon (spuun) :n: **malaga**

spot (spot) :n: **nukta**

spot (spot) :n: ... pimple **haba, namnam**

spotted ('spoted) :adj: **giring-giring, nugat-nugat**

sprain (spreen) :vt: **fiku**

spread (spred) :vt: **ferish**

spring (spring) :n: ... of water **biyr**

spy (spai) :n: **jasuus**

squander ('skwonda) :vt: **karabu**

square ('skweya) :n,adj: **murabaa**

square ('skweya) :n: ... of a town **midaan**

**squash** (skwosh) :n: ...
sweetened fruit drink **asiir**

**squatter settlement** ('skwota
'setalment) :n: **hai nyakaama**

**squeeze** (skwiiz) :vt: **asaru, asigu**

**squirrel** ('skwirel) :n: abu **teziim**

**stalk** (sto:k) :n: **gasab**

**sports stadium** (spo:ts
'steedium) :n: **dar-riyaada**

**stagger** ('staga) :vt: **dowr
sambala**

**stair** ('steeya) :n: **silim**

**stale** (steel) :adj: **gargash**

**stall** (sto:l) :n: ... for the selling
of goods **tabliiya**

**stall** (sto:l) :vi: ... the stopping
of an engine **gata**

**stammer** (' stæma) : vi: **tamtam** .

**stamp** (stæmp) :n: ... postage
**tabi (tawaabi)**

**stamp** (stæmp) :n: ... inked
rubber stamp **kitim**

**stamp** (stæmp) :vt: ... a
document **kitimu**

duty **stamp** (dyuuti stæmp) :n:
**damaga**

**stand** (stænd) :vi: **wogif**

**stand-by** ('stænd-bai) :n:
**isteedad**

**standard** ('stænda:d) :n: ...
relative quality **mustauwa**

**stapler** ('steepla) :n: **dabaasa**

**star** (staa) :n: ... in the sky **nijma
(nujuum)**

**star** (staa) :n: ... badge of rank
**dabuura (dababiir)**

**start** (staat) :v: **abidu, bada, gum,
tede**

**start** (staat) :vi: ... to jump in
surprise **kala**

**start** (staat) :vt: ... machine
**dowr**

**starter** ('staata) :n: ... of engine
**istaata**

**starve** (staav) :vi: **mutu min jiaan**

**state** (steet) :n: ... country
**dowla (duwal)**

**stationery** ('steeshanari) :n:
**adawaat kitaaba**

**statistics** (sta'tistiks) :n.pl: **ihsaa**

**statue** ('stætyuu) :n: **timsaal
(tamasiil)**

**stay** (stey) :vi:. **geni**

**stay long** (stey long) :vi: **towlu**

**stay permit** (stey 'pa:mit) :n:
**igaama**

**stay up late** (stee ap leet) :vi.
phras: ... implying a social
event **sahir**

**steal** (stiil) :vt: **seregu**

**steam** (stiim) :n: **bukaar**

**steamer** ('stiima) :n: ... river boat
**babuur**

**steering wheel** ('stiiyring wiil) :n:
**diriksiyon**

**steps** (steps) :n: ... for ascending
**kapkap**

stereo ('sterioo) :n: ... sound production system istiirioo

sterile person ('sterail 'pa:son): n: luti

stick (stik) :vt: lesegu

stick (stik) :n: ... piece of wood kashab

stick (stik) :n: ... for punishing children sot

stick (stik) :n: ... for fighting asaiya

sticky ('stiki) :adj: sumuk-sumuk

still (stil) :adv: .... yet lisa

sting (sting) :v: adi

stir (sta:) :vt: ... mix flour with boiling water to make asiida sutu

stir (sta:) :vt: ... foods and sauces with a spoon aglib, afragu, gilibu

stirrer ('sta:ra) :n: ... person who spreads rumours and lies suwaata

stirrer ('sta:ra) :n: ... for mixing of asiida lafreega, lafraata

stitch (stich) :n: kiyaata

stole (stool) see "steal"

stomach ('stamak) :n: ... tripe maraara

stomach ('stamak) :n: ... precise term maida

stomach ('stamak) :n: ... belly batana, kirsha

stone (stoon) :n: hajer

stood (stud) see "stand"

stool (stuul) :n: bambara

stoop (stuup) :vi: denggir

stop (stop) :vi: wogif

stop (stop) :vi: ... a mechanism ceasing of its own accord gata

stop (stop) :vt: ... turn off batalu, gofulu

store (sto:) :n: makzan

store (sto:) :vt: kazinu

storekeeper ('sto:kiipa) :n: makazinji

storey ('stori) :n: saraiya

storm (sto:m) :n: habuub

story ('stori) :n: gisa, hikaiya

tall story (to:l 'sto:ri) :n: dayaat

stove (stoov) :n: ... charcoal kanuun

stove (stoov) :n: ... kerosine babuur

straight (street) :adj, adv: adiil

straight away (street a'wee) :adv: tawaali, hasa de

straight on (street on) :adv: adiil, dukuri

straighten ('streeten) :vt: istaadil

strain (streen) :vt: ... put through a strainer safa .

strain (streen) :vt: fiku, juru shediid

strainer ('streena) :n: musfa

strange (streenj) :adj: ... peculiar awiir

69

strange (streenj) :adj: ...
wonderful **ajiib**

strangle (strængl) :vt: **kanggo**

stream (striim) :n: **bahar**

street (striit) :n: **sika, shari**

strength (strength) :n: **gowa**

strengthen (strengthen) :vt: **sabit**

strike (straik) :n: ... work
stoppage **idrab**

strike (straik) :vt: ... the action
of an inanimate object e.g. a
vehicle **dusu**

strike (straik) :vt: ... relating to
human or animal action **dugu**

string (string) :n: **habil**

striped (straipt) :adj: **mukatat**

strokes (strooks) :n.pl: ...
punishment **jelda**

strong (strong) :adj: **gowi,
shadiid**

strongman (strong mæn) :n: abu
**adalaat**

struck (strak) ... see'"strike"

stubborn ('staba:n) :adj:
**mustaabil**

stubborn person ('staba:n
'pa:son) :n: ... one who will
not take advice **galbauwi**

stuck (stak) see ... "stick"

student ('styuudent) :n: **talib**

study ('stadi) :v: **agra**

stung (stang) see "sting" .

stupid ('styuupid) :adj: **beliid**

subtract (sab'trækt) :vt: ... as
used in arithmetic **nagis**

succeed (sak'siid) :vi: **naja**

suck (sak) :vi: .... feed from the
breast **rada**

suck (sak) :vt: **juru**

suddenly ('sadenli) :adv: **sudfa**

sufficient (sa'fishent) :vi: ... to
be sufficient **timu**

sufficient (sa'fishent) :adj:
**kifaiya**

sugar ('shuga) :n: **sukar**

sugar cane ('shuga keen) :n:
**gasab sukar**

suitable ('suutabl) :adj: **munasib**

sum (sam) :n: **jumla**

summons ('samans) :n: **samon**

sun (san) :n: **shemis**

sunrise ('sanraiz) :n: **zaman
shemis tala**

sunset ('sanset) :n: **zaman
shemis woga**

supper ('sapa) :n: **asha**

sure (' shuuwa) : adj: **muta-akid**

surgeon ('sarjan) :n: **jirah**

surpass (sa: 'pas) :vt: **futu**

be **surprised** (bi sapraizd) :vi:
**mustaagrab, istaagrab**

surrender (sa'renda) :v: **selim**

survey ('sa:vee) :n: **misaaha**

survive (sar'vaiv) :vi: **iysh**

swagger ('swæga) :vt: dowr abu jamb

swallow ('swoloo) :vt: abla

swam (swæm) ... see" swim"

swamp (swomp) :n: mustaanka, toytj

swear ('sweeya) :vt: ... make an oath halif

sweat (swet) :n: aragaan

sweep (swiip) :vt: gushu, kunus

sweet (swiit) :adj: hilu

sweet potatoes (swiit po'teetooz) n: bambe

sweets (swiitz) :n.pl: hilauwa

swell (swel) :vi: worim

swelling ('sweling) :n: worim

swept (swept) see ..sweep"

swim (swim) :vi: uwm

swollen ('swoolen) : adj: ... by air mafuuk

sword (so:d) :n: sef

syphilis ('sifilis) : n: zuhri, sifilis

syphon ('saifon) :vt: juru

syringe (si'rinj) :n: hogna

system ('sistam) :n: nizaam

t-shirt (tii-sha:t) :n: faniila

table ('teebal) : n: tarabeeza

table cloth ('teebal kloth) :n: futa

tablet ('tæblet) :n: hibuub

tailor ('teela) :n: terezi

tails (teelz) :n: ... gambling term tura

take (teek) :v: ... hold of amsuku

take (teek) :v: ... away from shilu

take (teek) :v: .... hold of with force gobedu

take (teek) :vt: .... obtain akadu eg: Akudu raha, huwa akudu sura tai (Take a rest, he took my photograph)

take apart (teek apaat) :vt: fertig

take in (teek in) :vt: ... reduce the size of a garment deygu

take off (teek of) :vt: ... clothes agla

tale (teel) :n: gisa

talk (to:k) :v: kelim, wonasu

tall (to:l) :adj: tawiil

tamarind ('tæmarind) :n: ardeb

tame (teem) :adj: aliif

tank (tænk) :n: ... military weapon dabaaba .

tank (tænk) :n: .... of vehicle tanki

tank (tænk) :n: ... for water hod

71

tap (tæp) :n: **kanafiiya, masuura**

tape (teep) :n: … cloth **shariit**

tape (teep) :n: … adhesive **lazga**

tape measure (teep 'mezha) :n: **mitir**

tape worm (teep wa:m) :n: **dud shariit**

tarmac road ('tæmak rood) :n: **shari zelet**

tarmacadam (taa-ma ' kæadam): n: **zift**

taste (teest) :n: **taam**

taste (teest) :v: **abaru, jeribu**

taught (to:t) … see "teach"

tax (tæks) :n: **usur**

taxi (tæksi) :n: **taksi**

tea (tii) :n: **shai**

tea leaves (tii liivz) :n: **gishai**

tea pot (tii pot) :n: **baraad, kafateera**

tea with milk (tii widh milk) :n: **shai leben**

tea without milk (tii widhaut milk) :n: **shai sada**

teach (tiich) :v: **derisu**

teacher ('tiicha) :n: **muderis, ustaaz (muderisiin)**

teak (tiik) :n: **tiyk**

tear ('teya) :v: **seretu**

tear ('tiiya) :n: **moya ena, dimoo**
eg: moya ena to kubu / he shed tears

tear gas ('tiiya gaas) :n: **gumbala shata**

teat (tiit) :n: **ena sudur**

technical ('teknikal) :adj: **fani**

teeth (tiith) :n.pl: … see "tooth"

telegram ('telegræm) :n: **telegraaf**

telephone (tele'foon) :n: **telefuun**
eg: Ana dugu lo telefuun / I phoned him

tell (tel) :vt: **worii**

tell (tel) :vt: … narrate **haki**

temper ('tempa) :n: … always of bad temper **jin**

temperature ('tempracha) :n: **derija haraara**

temporary ('temparari) :adj: **wagti, muwakat**

tent (tent) :n: **keyma**

termite ('ta:mait) :n: **arda**

flying termite ('flaiying 'ta:mait) :n: **ngongo**

terms (ta:mz) :n.pl: … conditions **shart (sheruut)**

test (test) :v: … try **jeribu**

testicles (' testikalz) :n.pl: **kuka, gelget**

testimonial (testi'moonial) :n: **shahaada**

than (dhæn) :conj, prep: **min**

thank you (thænk yu) :phra: … indicates refusal when used in response to an offer **shukran**

**that** (dhæt) ;pron: **dak, de**

**that** (dhæt) :conj: ... omitted in Juba Arabic eg: ana arif huwa tawiil / I know that he is tall

**their** ('dheya) :pron: **toman**

**them** (dhem) :pron: **oman, human**

**themselves** (dhem'selvz) :pron: **nefsa toman**

**then** (dhen) :adj, n: ... that time **zaman de**

**then** (dhen) :adv: ... after that **badeen** e.g. badeen, huwa gum zalaan / he then became angry

**there** ('dheya) :adv, n: **hinaak**

**there is** ('dheya iz) :vi: **fi** eg: fi moya / there is water

**therefore** ('dheyafo:) :adv: **ashan kida**

**thermometer** (tha:'mometa) :n: **mizaan haraara**

**thermos** ('tha;mos) :n: **tamos**

**these** (dhiiz) :pron.pl: ... see "this"

**they** (dhee) :pron: **human**

**thick** (thik) :adj: ... in texture **takiin**

**thick** (thik) ;adj: ... in size **semiin**

**thief** (thiif) :n: **haraami**

**thin** (thin) :adj: **rigeeg, jogoot**

**thing** (think) :n: **haja**

**thingummy** ('thingami) ':n: **hinai**

**think** (think): v: **fikir**

**thirsty** ('tha:sti) :adj: **atshaan**

**this** (dhis) :pron: **de**

**thorn** (tho:n) :n: **shok**

**those** (dhooz) ;pron.pl: .... see "this"

**thought** (tho:t) :n: **fikira (afkaar)**

**thought** (tho:t) see "think" .

**thread** (thred) :n: **ket**

**threaten** ('threten) :vt: **hadidu**

**throat** ( throot ) : n: **halga**

**threw** (thruu) ... see" throw"

**throw** (throo) :vt: .... to fling an object at **luku** eg: Ana luku rajil de ma kursi / I threw a chair at that man

**throw** (throo) :vt: **jeda, arimu**

**throw out** (throo aut) :vt: ... a person **toruju**

**thunder** ('thanda) :n: **rad**

**thunder and lightning** ('thanda and 'laitning) :n.coll: **saga**

**tick** (tik) :n: ... an insect **guraad**

**ticket** ('tiket) :n: **tazkara**

**tickle** (tikl) :vt: **kilkili**

**tidy** (' taidi) :vt: **nazimu**

**tidy** ('taidi) :adj: ... not used to refer to persons **munazim**

**tie** (tai) :n: ... neck **karaveeta**

**tie** (tai) :n: ... short metal strips used for securing roof trusses to brick walls **dastiir**

tie (tai) :vt: **robutu**

tie (tai) :n: ... thin metal strips used in tying pole junctions **bala**

tied (taid) : part: **marbuut**

tight (tait) :adj: **mashduud**

tight (tait) :adj: ... in relation to clothing **deyig**

tightly (taitli) :adv: **shadiid, gowi**

till (til) : prep, conj: **le, ila, lehaadi**

time (taim) :n: ... moment **wokit** eg: huwa tala min beyt fi nefsa wokit / he came out of the house at the same time

time (taim) :n: ... timely **moyiid** eg: nina wosulu fi moyiid / we came on time

time (taim) :n: ... period **zaman, muda**

time (taim) :n: ... occasion **mara (maraat)**

timid (' timid) : adj : **kawaaf**

tin (tin) :n: ... large square tin used, when empty, for measuring flour and roofing houses **safiiya**

tin (tin) :n: container **ilba**

tip (tip) :n: ... pointed end **kasma**

tip (tip) :n: ... gratuity **bakshiish**

tire ('taiya) :vt: **taab**

tired ('taiyad) :adj: **tabaan**

tiredness (' taiyadness) : n: **taab**

to (tu) :prep: **le ,ila,fi**

tobacco (to' bakoo) :n: **tumbaak**

tobacco (to'bakoo) :n: ... for chewing **sa-uut**

today (tu'deey) :adv, n: **aleela, nahaar de**

together (tu'getha) :adv: **sawa**

toilet ('toylet) :n: **adbakaana, mustaraa**

told (toold) ... see "tell"

tomatoes (to'maatooz) :n.pl: **tamaatiim**

tomb (tuum) :n: turba

tomorrow (tu'moroo) :adv, n: **bukra**

tongue (tang) :n: **lisaan**

tonsils ('tonsilz) :n.pl: **'owzaat**

took (tuk) ... see "take"

tools (tuulz) :n.pl: **adawaat**

tooth (tuuth) :n: **sin, sunuun (sunuun)**

broken **tooth** ('brooken 'tuuth) ... or missing :n: **nyelama**

tooth brush (tuuth brash) :n: **fursha**

tooth gap (tuuth gæp) :n: ... between the front teeth **falaja**

tooth paste (tuuth peest) :n: **maajuun**

tooth stick (tuuth stik) :n: **muswaak**

top (top) :n: **ras**

torch (to:ch) :n: **batariiya**

tore (to:) ... see "tear"

torment ('to:ment) :n: **aziiba**

torment (to:'ment) :vt: **azibu**

torn (to:n) :adj: **mashruut, mugata**

tortoise ('to:toyz) :n: **abu gada**

torture ('to:cha) :n: **aziiba**

torture ('to:cha) :vt: **azibu**

touch (tach) :vt: ... when undesired or forbidden **habishu** eg: mata habish lamba de! / don't touch the lamp!

touch (tach) :vt: **lemes, degish**

towel ('tauwel) :n: **biskiir**

town (tauwn) :n: **mediina**

toy (toy) :n: **laaba**

trade (treed) :n: **tijaara**

trader ('treeda) :n: **tajir (tojaar)**

tradition (tra'dishan) :n: **sibir**

traffic police (træfik poliis) :n: **boliis haraka**

trail (treel) :n: ... of an animal **derib**

train (treen) :n: ... railway **gatar**

train (treen) :v: ... bring up **raba**

train (treen) :v: ... instruct **deribu**

traitor ('treeta) :n: **lakaam (lakamiin)**

transfer ('trænsfa) :n: **nangliiya**

transfer ('trænsfa) :v: **nanggalu**

transferred ('trænsfa:d) :part: ... official term **mangguul**

translate (trans'leet) :v: **terjimu**

translation (træns'leeshan) :n: **terjima**

translator (træns'leeta) :n: **muterjim**

transmitter (træns'mita) :n: **jihaaz irsaal**

transport ('trænspo:t) :n: **muwasalaat**

trap (træp) :n: **sherek**

travel ('trævel) :v: **safar**

travelling ('træveling) : n: **musafir**

tray (tree) :n: **siniiya**

tread on ('tred on) :vt: **dusu**

treat (triit) :n: ... an illness **aliju**

treatment ('triitment) :n: ... for illness **ilaaj**

tree (trii) :n: **shejara (ashjaar)**

triangle (trai-ængl) :n: **museles**

tribe (traib) :n: **gabiila**

trick (trik) :vt: ... deceive **kabas**

trick (trik) : n: ... deception **kabaasa**

trickle (' trikel) :vi: **naga**

trickster ('triksta) :n: **kabasee, kabasusa**

tried (traid) ... see 'cry"

trigger ('triga) :n: **tiktik**

trip (trip) : ...  journey
  mumariiya

trouble (trabl) : n: mushkila

trousers ('trauwzaz) :n.
  bantaloon

true (truu) : adj: sah, nasiiya,
  hagiiga

trumpet ('trampet) :n: sufaara

truth (truuth) :n: hagiiga

try (trai) :v: ...  sample jeribu

try (trai) :vt: .. attempt some task
  hawal

try (trai) :vt: .. give judgement
  hakimu

tsetse fly (' tetsi flai) : n:tetsi
  tetsi

tube (tyuub) :n: .. rigid
  masuura

tube (tyuub) :n: .. flexible
  kartuush

tuck in (tak j.n) :vt:
  shuku

tukl (ttlkl) : n: gutiiya

tumbler (' tambla) : n: .. for
  drinking banuur

turban ('ta:ban) :n: eyma

turn (ta:n) :n: .. direction lifu

turn (ta:n) :n: .. a movement or
  corner        lafa

turn (ta:n) :n: .. part of a
  succession dur

turn off (ta:n of) :vt: .. tap
  gofulu

turn off (tu:n of) :vt: .. engine or
  electricity batalu

turn on (ta:n on) :vt: .. tap
  fata

turn on (ta:n on) :vt: .. electricity
  wala

turn on (ta:n on) :vt: ..
  engine dowr

turn over (ta:n oova) :v:
  aglib

turtle (ta:tl) :n:  abu gada

twice (twice) :adv: marateen

twins (twinz) :n.pl: timaan

type (taip) :vt:  taba

type (taip) :n: now, shikli

typewriter (taipraita) :n:
  taibraita, makana tibaa

tyre ('taiya) :n: lastik, tara

**ugly** (agli) :adj: **shen**

**umbrella** (am'brela) :n: **shemsiiya**

**unavailable** (ana'veelabl) :adj: **maaduum**

**uncircumsized** (an'sa:kamsaizd): adj: **abu juraab**

**uncle** (ankl) :n: .. maternal **kal**

**uncle** (ankl) :n: .. paternal **am, aku ta abu**

**be unconscious** (bi ankonshas): vi: **kamiru**

**under** (anda) :prep: **tihit**

**understand** (anda'stand) :v: **fahim**

**understood** (anda'stud) ... see "understand"

**undo** (an'duu) :vt: **fiku**

**undress** (an'dres) :v: **agla gumaash**

**unhappy** (an'hæpi) :adj: .. not satisfied **ma mortaa**

**unhappy** (an'hæpi) :adj: .. sad **haziin**

**uniform** ('yuunifo:m) :n: **zey**

**uniformed** ('yuunifo:md) :adj: .. officially dressed **resmi**

**union** ('yuunyan) :n: **itihaad**

**unity** ('yuuniti) :adj: **wahida**

**university** (yuuniva:siti) :n: **jama**

**unkind** (an'kaind) :adj: **kain**

**unload** (an'lood) :vt: **nenzil falaatah**

**unmarried person** (anmarid pa:son) :n.phras: **azaaba**

**unripe** (an'raip) :adj: **ney**

**unscrew** (an'scruu) :vt: **fiku**

**untie** (an'tai) :vt: **fiku**

**until** :prep, conj: ... see till

**untrustworthy person** (an'trastwa:thi pa:son) :n.phras: zol **lakaam,** zol ta **lubat**

**up** (ap) :prep: **fok**

**upside down** ('upsaid daun): adv: **magluub**

**urgent** ('ajent) :adj: **mustaajil**

**urinate** ('yurineet) :v: **bulu**

**urine** ('yurin) :n: **bul**

**us** (as) :.pron: **nina, aniina**

**use** (yuuz) :vt: **istaamil**

**used** (yuuzd) :adj: **mustaamil**

**utensils** (yu'tensilz) :n pl: **afash**

**uterus** ('yuutarus) :n: **rehim**

vacancy ('veekansi) :n: **kana**

vacant ('veekant) :adj: **fadi**

vacation (va'keeshon) :n: **ijaaza**

vaccination (vaksi'neeshon) :n: **teteiim**

vagina (va:'jaina) :n: **kus**

valley ('vaælii) :n: **wadi**

valuable ('vatiyabal) :adj: .. useful **mufiid**

value ('vælyabal) :n: .. market value or price **taman**

value ('vælyuu) :n: **faida**

valve (vælv) :n: **balf**

various ('veeriyos) :adj: **muktelif**

vegetables ('vejtabalz) :n.pl: **kudrawaat**

veil (veel) :n: **tarha**

venim ('venim) :n: **sim**

very ('veri) :adv: **sese, kalis**

very ('veri) :adj: **jiden, kalis, sese**

vest (vest) :n: **faniila**

veterinary station ('vetinarii 'steeshan) :n: **beytari**

via (vaiya) :prep: **bi**

vice-versa (vaisa-va:sa) :adv: **bil aks**

view (vyuu) :n: .. visual **manzar**

view (vyuu) :n: .. opinion **fikira**

village ('vilij) :n: **gariya, hila**

virgin ('va:jin) :n: **bit fataa, biniiya fataa**

visible ('vizibal) :adj: **zahir**

visit ('vizit) :n: **ziyaara**

voice (voys) :n: **sot**

vomit ('vomit) :vi: **atrus**

vote (voot) :n: **sot, taswiit**

vote (voot) :vi: **sawit**

vulture ('valcha) :n: **loguuno**

wages ('weejiz) :n.pl: **mahiiya**

waist (weest): n: **sulba**

waistband ('weestbænd) :n: .. of a skirt or trousers **kamara**

wait (weet) :v: **isteni, intazar**

waiter ('weeta) :n: **sufraaji, jarasoon**

wake (week) :vi: **gum**

wake (week) :vt: **towr**

wake (week) :n: .. funeral
celebration **bika**

walk (wo:k) :vi: **mashi bi
kuraa, dowr**

wall (wo:l) :n: **heta**

wallet ('wolet) :n: **jisalaan**

wander ('wonda) :vi:
**langga, lifu**

wanderer ('wandara) :n:
**langgaaba**

want (wont) :v: **der, awz**

ward (wo:d) :n: .. of hospital
**ambar**

warm (wo:m) :vt:**sukun,
shweya**

warm (wo:m) :adj: **dafi**

warmth (wo:mth) :n: **sakaana**

warning ('wo:ning) :n: **inzaar**

warthog ('wo:t'hog) :n: **haluuf**

wash (wosh) :vt: **kasilu**

wash (wosh) :vi: **beredu**

wash cloth (wosh kloth) :n: ..
seed pod used for this
purpose **lifa**

washing ('woshing) :n: **kasiil**

washing bowl ('woshing bool):
n: **teshit**

waste (weest) :n: .. a loss
**kasaara**

waste (weest) :vt: **daya**

watch (woch) :n: **saa**

watch (woch) :v: **ainu, shuf**

watch out! (wotch aut) :int: ..
warning of danger **awa!**

watchman ('wochman) :n:
**gafiir**

water ('wo:ta) :vt: .. a garden
**rushu**

water ('wo:ta) :n: **moya**

water melon ('wo:ta 'melon) :n:
**batiik**

waterbuck ('wo:tabak) :n:
**katembuur**

watercourse ('wo:tako:s) :n:
**kor**

watercress (wota'kres) :n:
**jirjir**

waterhole (wo:ta'hool) :n:
**hafiir**

watering can ('wo:taring kan) :n:
**rashasha**

waterpump (wo:ta'pamp) :n: ..
diesel **taruumba**

waterpump (wo:ta'pamp) :n: ..
hand **dongki**

wax (waks) :n: **shamaa**

way (wee) :n: **teriiga**

we( wii): pron: **nina, aniina**

weak (wiik) : adj:**deyiif**

wean (wiin) :vt: **fotom**

weapon ('wepan) :n: **silaa**

wear ('weeya) :vt: .. clothes
**libis**

weather (' wedha) : n: **jow**

wedding ('weding) :n: **iris**

weed (wiid) :vt: **nadifu**

weed (wiid) :n: **hashiish (hashaayish)**

week (wiik) :n: **usbo**

weep (wiip) :vi: **kore**

weevil ('wiivil) :n: **susa**

weigh (weey) :vt: **wozenu**

weighing machine ('weeying 'mashiin) :n:**mizaan**

weight (weet) : n: **wozn**

weight (weet) :n: .. for fishing line **tagaala**

welcome ('welkom) :int: .. to eat, enter or sit **fadal**

welcome ('welkom) :int: **ahlen, ahlen wa sahlen**

welding ('welding) :part: **lihaam**

welding machine ('welding 'mashiin) :n: **makanalihaam**

well (wel) :adj,adv: **kweys**

well (wel) :n: **biyr**

well known (wel noon) :adj: **maaruuf**

went (went) ... see **"go"**

wept (wept) ... see **"weep"**

west (west) :n: **garb**

wet (wet) :adj: .. used with objects rather than humans, animals or the weather **leyn**

wet (wet):adj: .. used with humans or animals **mablul**

wet (wet):adj: .. weather **matar tagiil**

wet (wet) :vt: **bilu**

what (wot) :interog.pron: **shinuu**

wheat(wiit) :n: **geme**

wheat flour (wiit 'flaw a) .. fine ground :n: **dagiig fiina**

coarse wheat flour (ko:s wiit 'flaw a) :n: **dagiig geme**

wheel (wiil) :n: .. bicycle **sambara**

wheel (wiil) :n: .. car **tara**

wheelbarrow (wiilbaroo) :n: **arabiiya yed**

when (wen) :interog.adj: **miteen, sa kam**

when (wen) :conj: **kan**

where ('weya) :interog.adj: **weyn**

whether ('wedha) :conj:**kan**

whetstone (wet'stoon) :n: **hajer nar**

which (wich) :interog.adj: **yatu**

which (wich) :conj: **al**

while (wail) :conj: **nefsa wokit**

whip (wip) :n: **kurbai, jelda**

whip (wip) :vt: **jeledu**

whiskey ('wiski) :n: **wiski**

whisle (wisl) :n:**sufaara**

whisper ('wispa) :v: **waswas**

whisper ('wispa) :n: **waswasa**

white (wait) :adj: **abiyad**

white person (wait person) :n: .. person of European descent **kawaaja**

whitewash ('waitwosh) :n: **jir**

who (hu) :interog.pron: **minuu**

who (hu) :rel.pron: **al**

whole (hool) :adj: **kulu**

whooping cough ('huuping kof): n:  **kotkot**

whore (ho:wa) :n: **saramuuta (saramit)**

why (wai) :interog adj: **ley**

wick (wik) :n: **gitaan, shariit, diga**

wide (waid) :adj: **waasi**

width (width) :n: **urd**

wife (waif) :n: **mara, zowija**

wife (waif) :n: .. co-wife in a polygamous relationship **keynii**

wig (wig) :n: **baruuka**

wild duck (waild dak) :n: **waziin**

be willing (bi 'wiling) :vi: **musteed**

win (win) :vi: **gelibu**

winch (winch) :n: **winsh**

wind (wind) :n: **hawa shediid**

wind (wind) :n: .. stormy in nature **habuub**

wind (waind) :vt: .. a watch **mala**

wind (waind) :vt: **lifu**

wind (wind) :n: .. expulsion of body wind from anus **fasa**

window ('windoo) :n: **shubaak (shubabiik)**

windscreen ('windskriin) :n: .. and all other vehicle windows **miraiya**

wine (wain) :n: **nabiiz**

wing (wing) :n: **jenaaha (jenahiin)**

wink (wink) :n: **kontak**

winnowing basket (winoowing 'baasket) :n: **tabaga**

wipe (waip) :vt: **masa**

wire ('waiya) :n: **silik**

wire mesh (waiya mesh) :n: .. chicken wire **silik arnab**

wire mesh (waiya mesh) :n: .. mosquito wire **namliiya**

wise (waiz) :adj: **zeki, aagil**

wish (wish) :vt: .. in Juba Arabic expressed by the phrase "if God wills" **in shaala** e.g. inshaala ita bi-naja fi imtihaan/ I wish you success in the exam

witch (wich) :n: **sahaara**

with (widh) :prep: **maa**

without (widhaut) :prep: **biduun**

witness ('witness) :n: **shahid (shuhuud)**

**wizard** ('wizad) :n: **sahaara**

**woke** (Wook) ... see "wake"

**woman** ('wuman) :n: **mara (niswaan)**

**womb** (wuum) :n: **rehim**

**won** (wan) ... see **"win"**

**wood** (wud) :n: **kashab**

**wood pigeon** (wud 'pijin) :n: **gumuriiya**

**wool** (wul) :n: **suf**

**word** (wa:d) :n: **kelma (kelimaat)**

**work** (wa:k) :n: **shugul**

**work** (wa:k) :vi: **ishtakal**

**worker** ('wa:ka) :n: **aamil , omaal**

**working** ('wa:king) :part: **shagaal**

**workshop** ('wa:kshop) :n: **warsha**

**world** (wa:ld) :n: .. in the colloquial sense e.g. "the ways of the world" **duniya**

**world** (wa:ld) :n: **aalam**

**worm** (wa:m) :n: **dud**

**worn** :vi: ... to be eroded **akuluu** e.g. lastik de akuluu / this tyre is worn

**worried** (wariid) :adj:

**zahjaan**

**worse** (wo:s) :comp.adj: **akab**

**worthless** ('wa:thles) :adj: **awaliik**

**wound** (wuund) : n: **dabara**

**wound** (waund) ... see **"wind"**

**wrap** (ræp) :vt: **lifu**

**wrap** (ræp) :n: .. traditional clothing of Bari women worn on shoulder covering their bodies to the knees **korbaaba**

**wrestling** ('resling) :n:**kwata, surah** eg: nina amilu kwata / we wrestled

**wrinkle** ('rinkal) :v: **kormos**

**write** (rait) :vt: **katibu**

**writing** ('raiting) :n: .. piece of **kitaaba**

**writing** ('raiting) :n: .. handwriting **kat**

**written** ('riten) :part: **maktuub**

**wrong** (rong) :adj: .. refering to persons **galtaan**

**wrong** (rong) :adj: .. refering to things **galat**

**wrote** (root) ... see "write"

**year** ('yiiya) :n:**sena (senawaat)**

**yeast** (yiist) :n: .. for brewing
zeriiya

**yeast** (yiist) :n .. for bread
kamiira

**yellow** ('yeloo) :adj, n:   **asfar**

**yes** (yes) :part.: .. indicating
agreement **ai, aiwa, aike,
naam**

**yesterday** ('yesta:dee) :adv:
**umbaari**

**yet** (yet) : adv:   **lisa** (e.g. Lisa!
not yet!) Ana lisa ma katib
jawaab de (I haven't written
the letter yet)

**yield** (yiild) :vt: .. produce **jibu**

**yoghurt** ('yoga:t) :n: **zibaadi**

**you** (yuu) :pron: abrupt form
used when annoyed or
frustrated **yaki**

**you** (yuu) :pron: **ita (itakum)**

**yourself** (yo:self) :n:      **nefsa
taki (nefsa takum)**

**young** (yang) :adj: **sugeer**

**youth** (yuuth) :n: ...  an
adolescent **shab (shabaab)**

**zebra** (zebra) :n: **himaar ta gaba**

**zero** (ziroo) :n:  **sifir**

**zigzag** (zigzæg) :vi: **lolo**

**zigzag** (zigzæg) :n: **muaraj,
maloolo**

**zinc** (zink) :n: **zinki**

**zip** (zip):n: **susta**

# KAMUUS TA
# ARABI JUBA WA INGLIIZI

Fi gisma de ita bi-ligu kelimaat ta Arabi Juba maa mana bitoman bi Ingliizi. Nizaam baga kida:

1/ Awal fi shimaal fi **kelma ta Arabi Juba**

2/ Badeen kan kelma de endu mana katir, itneen nukta .. wa **kalaam al bi-fahim ita mana bito bezabt**

3/ Badi kat, **kelima awa kelimaat ta Ingliizi** bi tariiga ta kitaaba

4/ Badi dak fi kos ( ). Juwa kos de fi nefsa **kelma awa kelimaat ta Ingliizi maktuub bi tarriga ta sot** bitoman

5/ Kan nizaam ta kelma Ingliizi de gowi. Yani ita ma b-istaamil bi nefsa nizaam ta Arabi Juba, fi misaal ta kalaam tihit kida: e.g. kalaam bi Ingliizi ta kitaab nefsa kalaam bi sot ta Ingliizi nefsa kalaam bi Arabi Juba

—

The arrangement of this section from left to right is:

J. Arabic (J. Arabic plural), an em dash, qualifying comment English (English phonetic).

Some entries have illustrative sentences following them. These have the English sentence first, followed by its phonetic representation and finally the translation into Juba Arabic.

**aadam — shortage** ('sho:tij)

**aadi — cross** (kros)

**aagil — wise** (waiz)

**aala — musical instrument** ('myuzikal 'instrament)

**aalam — the earth, world** (dha a:th, wa:ld)

**aali — high** (hai)

**aamil (umaal) — labourer** ('leebara)

**aba — refuse, reject** (ri'fyuuz, ri'jekt)

**aba** .. aba bi tariiga mu-adab — **decline** (di'klain)

84

aba .. aba min sabaab —
   **object to** (ob'jekt tu)

**abaanj — accelerator**
   (ak'selareeto:)

**abadan —         never** ('neva)

**abahaan — cardamon**
   ('kaadamon)

**abaru** .. magaas awa wozn —
   **measure** ('mezha)

**abaru** ..maa kasma —
**taste** (teest)

**abaruudu         — cool** (kuul)

**abdamaam — spleen** (spliin)

**abid      — slave** (sleev)

**abidu — begin, began, start**
   (ba'gin, bi'gan, staat)

**abinu — build, construct** (bild,
   kon'strakt)

**abiyad —         white** (wait)

**abiyad damiir — ginger beer**
   ('jinja 'biiya)

**abjad — alphabet** ('ælfa'bet)

**abla — swallow** ('swoloo)

**abla kash — plywood** (plai:wud)

**abras — leper** ('lepa)

**abu — father** ('faatha)

**abu gishir        —pangolin**
   (pæn'goolin)

**abuhaat — ancestors** ('ænsesta:z)

**abuuna — priest** (priist)

**abuuna** .. gesiis al ja min ba-iid
   **— missionary** ('mishanari)

**adaad — meter** ('miita)

**adaana — ear** ('iiya)

**adab      — manners** ('mæna:z)

**adab kweys** .. le nas jediid —
   **politeness** (po'laitnes)

**adako — rub** (rab)

**adako** .. maa fursha — **brush**
   (brash)

**adal — muscle** ('masal)

abu **adalaat —    strongman**
   (strong mæn)

**adas — lentils** ('lentalz)

**adasa — lens** (lenz)

**adawaat — tools** (tuulz)

**adawaat kitaaba —
   stationery** ('steeshanari)

**adbakaana   — latrine, toilet**
   (la'triin, 'toylet)

**adi — bite** (bait)

**adi** .. min hasharaat — **sting**
   (sting)

**adibu — discipline** ('disiplin)

**adiil — straight, straight on**
   (street,street on)

**ado (adowaat) — enemy**
   ('enemi)

**adrub fi ... — multiplied by**
   (malti'plaid bai)

**adum (odaam) —        bone**
   (boon)

**afa — recite** (ri'sait)

**afaana — smell** (smel)

**afaku** — blow up, inflate (bloc ap, in'fleet)

**afash** ... ta mumariiya — **baggage, luggage** ('bægij, 'lagij)

**afash** ... kulu hajaat ta zol— **belongings** (ba'longingz)

**afash** ... hajaat ze karaasi, seriir wa tarabezaat — **furniture** (fa:nicha)

**afash** ... ta matbak — **utensils** (yuu'tensilz)

**afin** — **smell, smelt** (smel, smelt)

**afin** ... shediid kaalis — **reek** (riik)

**afin** ... karabuu kalaas — **rotten, bad** ('roten, bæd)

**afragu** ... maa malaga — **stir** (sta:)

**afriita** ... ta filim— **film negative** (film 'negativ)

**afriita** ... ta arabiiya — **jack** (jæk)

**afu le** — **forgive, forgave** (fo: 'giv, fo:geev)

**agaala min** — **less than** (les dhan)

**agdar** — **be able, can, could** (bi 'eebal, kæn, kud)

**agir** — **barren person** ('bæren 'pa:son)

**agla** — **take off, took off** (teek of, tuk of)

**agla gumaash** — **undress** (an'dres)

**aglib** — **overturn, turn over** (oova'ta:n, ta:n'oova)

**aglib** ... maa malaga — **stir** (sta:)

**agra** — **read** (riid)

**agra** ... alim fi madraasa awa fi jama — **study** ('stadi)

**agrab** — **scorpion** ('sko:piyan)

**agrus** — **scratch** (skræch)

**agrus** ... ashan furfur — **itch** (itch)

**agser** — **shorter** ('sho:ta)

**agsud** — **intend** (in'tend)

**agud** — **sit down** (sit daun)

**ahaali** — **rural** ('rural)

**Ahad Jediid** — **New Testament** (nyuu 'testament)

**ahal** — **family** ('fæmilii)

**ahlen** — **welcome** ('welkom)

**ahlen wa sahlen** — **welcome** ('welkom)

**ahliiya** ... **qualification** ('kwolifi'keeshan)

**ahsen** — **better** ('beta)

**al ahsen** — **best** (best)

**ahya** — **biology** (bai-'oloji)

**ai** — **yes** (yes)

**aike** — **yes** (yes)

**ainu** — **look at, see, saw** (luk 'æt, sii, so:)

**ainu** ... gasid ainu — **watch** (woch)

**aiwa** — **yes** (yes)

86

ajaaj — **dust** (dast)

ajala — **bicycle** (baisikl)

ajama — **gather** ('gædha)

ajdaad — **ancestors** ('ænsesta:z)

ajib — **please** (pliiz)

ajiib — **amazing, strange,**
(a'meezing, streenj)

ajiin — **dough** (doo)

ajinu — **mix** (miks)

ajinu ... ajiin ta esh —
**knead** (niid)

ajiru — **hire, rent** ('haiya, rent)

ajmal — **more beautiful**
(mo: byuutifal)

ajnabi — **foreign** ('foren)

zol **ajnabi** — **foreigner** ('forena)

ajuuba — **miracle** ('mirikl)

ajuur — **cucumber** ('kyukamba)

ajuus — **old** (oold)

ajuus ... tabaan min umur
kebiir — **senile** ('siinail)

akab — **worse** (wo:s)

akadu — **receive, take, took**
(ri'siiv, teek, tuk )

akadu raha — **rest** (rest)

akadu sura — **photograph**
('footagraaf)

akadu taar — **revenge** (ri'venj)

akar — **delay** (d'ileey)

akara — **defecate, shit**
(defa'keet, shit)

akaraa — **aunt** (aant)

akbaar — **news** (nyuuz)

akbar — **bigger, larger** ('biga,
'laaja)

akbar min ... fi urnur — **senior
to** (siiniya tu)

akdar — **green** (griin)

akeer — **better** ('beta)

akibu — **punish** ('panish)

akil — **food** (fuud)

akir — **end, final, last** (end,
'fainal, laast)

akir leben — **last born**
(laast bo:n)

akis — **obstruct, oppose**
(obs'trakt, o'pooz)

aklag — **character, personality**
('kærakta, pa:so'næliti)

aklag deyig, aklag shen —

**bad tempered** (bad tempad)

akra — **hate** (heet)

aks — **opposite** ('opasit)

bil **aks** — **on the contrary,
conversely, vice-versa** (on
dha 'kontrari, kon'va:sli,
vaisa-va:sa)

akta — **more** (mo:)

aku (akwaana) — **brother**
('bradha)

aku ta abu — **uncle** (ankl)

akulu — **eat, ate** (iit, eet)

akuluu ... wodii akil le — **feed,
fed** (fiid, fed)

**akuluu** — be **eroded**
(bi e' rooded)

**akuluu** — **worn** (wo:n) e.g.
this tyre is worn (dhis taiya
iz wo:n) lastik de akuluu

**akuul** — **glutton** (' glaton)

**akwii** — **iron** (' ajyan)

**al** ... kan kalaam ta haja awa
haywaan — **which** (wich)
e.g. the thing which was
stolen (dha thing wich woz
'stoolen) haj al kan sereguu

**al** ... kan kalaam ta zol —
**who** (hu) e.g.the man who
left yesterday (dha mæn hu
left 'yestadee) rajil al kan
futu umbaari

**ala** — **divided by** (di'vaided bai)

**alaama (alamaat)** — **sign, mark,
marking** (sain, maak,
'maaking)

**alabu** — **play** {plee)

**alabu** ... maa muzika — **dance**
(daans)

**alagu** — **hurry** (hari)

**Alah** — **God** (god)

**alam** — **flag** (flæg)

**alasu** — **lick** (lik)

**aleela** — **today** (tu'deey)

**alfa** — **prefect** ('priifekt)

**aligu** — **hang, hung** (hæng,
hang)

**aliif** — **tame** (teem)

**aliju** — **treat** (triit)

**alim** — **learn** (la:n)

**alisu** — **despise, look down
on** (di'spaiz, luk daun on)

**Almaani** — **German** ('ja:man)

**Almaanya** — **Germany** (' ja:mani)

**almaas** — **diamond** (' daimond)

**amal (amaal)** — **hope** (hoop)

**amiliiya** — **operation**
(ope'reeshon)

**amaru** — **order** ('o:da)

**ambar** — **dormitory** ('do:mitori)

**ambar** ... ta musteeshfa — **ward**
(wo:d)

**amer** — **red** (red)

**amfa** — **fit** (fit)

**amidu** — **baptize** ('bæptaiz)

**amiin** — **honest** ('onest)

**amiin** ... ma bi-kabas as-haab —
**loyal** ('loyal)

**amilu** — **do, did, make**
(duu, did, meek)

**amilu izaaj** — be **annoying** (be
a'noying)

**amiyaan** — **blind** (blaind)

**amota** — **pick** (pik)

**amr (awaamir)** — **order** (o:da)

**amshi** — **go** (goo)

**amsuku** — **take, took** (teek, tuk)

**amsuku** .... maa ida gowi — **grip**
(grip)

**amsuku** ... ma sibu — **hold,
held** (hoold, held)

88

amsuku ... sudfa wa maa gowa — **seize** (siiz)

amsuku ... min hawa awa huriiya — **catch, caught** (kæch, ko:t)

amuud ... ta arabiiya — **axle** (æksal)

amuud ... ta nur ta sika — **lamp post** (læmp poost)

amuud .... ta beyt — **pillar** ('pila)

amuud ... ta kahraba — electricity **pole** (elek'trisiti pool)

amuud nus — **drive shaft** (draiv shaft)

an-guut — **clitoris** ('klitoris)

anaafa — **nose** (nooz)

ananaas — **pineapple** ('painæpal)

andaaya — **bar** (baa)

anfud — **shake out** (sheek aut)

anggalu — **carry** ('kæri)

anggreb — **bed** (bed)

aniina — **we, us** (wii, as)

anjaru sunuun — **sharpen the teeth** (shaapen dha teeth)

ankabuut — **spider** ('spaida)

beyt ta ankabuut — **cobweb** (' kobweb)

ankaro — **deny** (di'nai)

araada ... gon — **goal** (gool)

araagi — **dress** (dres)

Arabi — **Arabic** ('ærabik)

arabiiya — **car** (kaar)

arabiiya yed — **wheelbarrow** (wiilbaroo)

aragaan — **sweat, perspiration** (swet, pa:spi'reeshan)

aragi — **spirits** ('spirits)

ard —**earth, ground** (a:th, graund)

arda — white **ant** (wait ænt)

arda — **termite** ('ta:mait)

ardeb — **tamarind** ('tæmarind)

ardiiya — **floor** (flo:)

arfa — **lift, pick up, raise** (lift, pik 'ap, reez)

argud — **lie down** (lai daun)

aridu — **oppose** (o'pooz)

aridu ... fi munagisha — **contradict** (kontra'dikt)

arif — **know, knew** (noo, nyuu)

ariida — **appeal** (a'piil)

ariis — **bridegroom** ('braidgrum)

arimu — **throw, threw** (throo, thruu)

ariyaan— **bare** ('beeya)

ariyaan — **naked** ('neeked)

arjif — **shake** (sheek)

arkab — **get on, mount** (get on, maunt)

arkab .... ajala awa motor— **ride, rode** (raid, rood)

arkas — **cheaper** ('chiipa)

89

**arnab** — **rabbit** ('ræbit)

**aruus** — **bride** (braid)

**as-hal** — **easier** ('iiziya)

**asaaba** — **gang** (gaang)

**asaas** — **foundation** (faun'deeshon)

**asaas** .... ta haja — **base** (bees)

**asaas** .... ta kalaam — **basis** ('beesis)

**asab** — **nerve** (na:v)

**asaiya** — **stick** (stik)

**asaiya** ... ta dusmaan — **club, cudgel** (klab, 'kajel)

**asala** — **python** (paithon)

**asalu** — **ask** (aask)

**asamenti** — **cement** (sa'ment)

**asaru** — **compel, force, press** (kom'pel, fo:s, pres)

**asaru** ... fi mahaal deyig — **squeeze, cram** (skweez, kram)

**asaru adalaat ta zol**... ashan bi-sadu woja gisim— **massage** (mæ'saazh)

**asaru kalaam** — **insist, press a case** (in'sist,pres a kees)

**asba (asaabe)** — **finger** ('finga)

**asbur** — **calm down** (kaam daun)

**ased** — **lion** ('laiyan)

**asfar** — **yellow** ('yeloo)

**asger** — **smaller** ('smo:la)

**asha** — **dinner, supper** ('dina, 'sapa)

**ashan** — **because** (bi'koz)

**ashan kida** —**therefore, because of that** ('dheyafo: bi 'koz ov dhat)

**ashariif** — **maize** (meez)

**ashrabu** — **drink, drank** (drink, drænk)

**ashrabu** ... sigaara awa kodos — **smoke** (smook)

**ashur** — **calm down** (kaam daun)

**asif** — be **sorry,regret** (bi 'sori, ri'gret)

**asigu** — **squeeze** (skwiiz)

**asigu klach** — **change gear** (cheenj 'giya)

**astir** — **squash** (skwosh)

**asiiya** — **evening** ('iivning) e.g. I will come in the evening (ai wil kam in dha ' iivning) ana bi-ja asiiya

**asil** — **honey** ('hani)

**asima** — **capital** (capital)

**askeeri (asaakir)** — **soldier** ('soldya)

**askut** .... — be **quiet**,be **silent** (bi 'kwaiyet, bi 'sailent)

**asma** — **hear, heard, listen to** ('hiiya, ha:d, 'lisan tu)

**aswad** — **black** (blæk)

**aswad** ... ta akil — **aubergine, egg plant** ('oobazhiin, eg plaant)

**ataku** — **laugh** (laaf)

atala — **digging rod** ('diging rod)

atano ... maa murkaka awa fi tahuuna — **grind, ground** (graind, grind)

atano hogna — **inject** (in'jekt)

atano maa harba — **spear** ('spiiya)

atis — **sneeze** (sniiz)

atla bara — **come out!, get out!** (kam taut!, get aut!)

atla bara — **get out!** (get aut!)

atlag — **shoot** (shuut)

atrah — **subtract** (sab'trækt)

atrus — **vomit** ('vomit)

atshaan — **thirsty** ('tha:sti)

atwal — **longer** ('longa)

augu — **hurt** (ha:t)

auru — **hurt** (ha:t)

awa — **either...or** ('aidha...o:) e.g.he will come either today or to-morrow (hii wil kam aidha tudee o: tumoroo) huwa bi-ja nahaar de awa bukra

awa! ... inzaar— **watch out!** (wotch aut)

awaamir ...ta boliis — **orders, warrant** (o:daz, 'worant)

awaanda — **joke** (jook)

awal — **first** (fa:st)

awaliik — **worthless** ('wa:thles)

awan azzati —**self help** (self help)

awidu — **compensate** ('kom'penseet)

awiir — **strange, bizarre, queer** (streenj, bi'zaa, 'kwiiya)

awlaad — **children** (children)

awz— **need, want, require** (niid, wont, ri'kwaiya)

aya — **any** (enii)

ayaada — **clinic** ('klinik)

ayaan — **ill** (il)

ayaan — **sick** (sik)

ayish — **alive** (a'laiv)

azaaba — **unmarried person** (anmarid pa:son)

azaaba ... min rujaal — **bachelor** ('bæchelo: )

azaaba ... min banaat — **spinster** ('spinsta)

azakaana — **pharmacy** ('faamasi)

azibu ... amilu izaaj — **annoy, bother** (a'noy, bodha)

azibu ... amilu hasasiiya maa zol— **irritate** (iri'teet)

azibu ... shediid — **torment** (to:'ment)

azibu ... auru ma dur — **torture** ('to:cha)

aziiba — **torment, torture** ('to:ment, 'to:cha)

aziim— **great** (greet)

azilu — **choose, chose** (chuuz, chooz)

azli — **genuine, real, original**
('jenyuin, riil, o'rijinal)

**azam** — **invite** (in'vait)

**azmiil** — **chisel** ('chisel)

**azuuma** — **invitation**
(invi'teeshan)

# B b

**ba-ba** — **father, papa** ('faatha,
pa'paa)

**ba-iid** — **distant, far** ('distant, faa)

**ba-uuda** — **mosquito** (mas'kiitoo)

**baati** — **ghost, spirit**
(goost, 'spirit)

**bab** — **door** (do:)

**bab** ... ta hosh — **gate** (geet)

**babanuusa** — **ebony** ('eboni)

**babuur** ... ta bahar — **steamer,
ship** ('stiima, ship)

**babuur** ... ta matbak — **stove**
(stoov)

**bad** — **each other** ('iich atha)

**bada** — **begin, start** (ba'gin, staat)

**badeen** — **afterwards, then**
('aaftawa:dz, dhen)

**badi** — **after** ('aafta)

**badi gada** ... badi sa itnashara
bi nahaar — **afternoon**
('aaftanuun)

**badi maraat** ... — **often** ('often)

**badi shweya** ... badi shweya —
**soon** (sun)

**bafra** — **cassava** (ka'saava)

**baga** — **become** (bi'kam)

**bagara** (abugaar) — **cow** (kau)

**bagara** ... ketiir, rujaal wa
niswaan — **cattle** ('kætal)

**bagbagaa** — **parrot** ('pærot)

**bagi** — **balance,be left** ('bælans,
bi'left)

**bagi dur** — **last chance** (laast
chaans)

**bagi peyuu** — **left overs**
(left 'oovaz)

**bahar** — **river** ('riva)

**bahar** ... sugeer — **stream**
(striim)

**bahar kebiir** — **sea** (sii)

**baibai** — **abandoned thing**
(a'bandond thing)

**baita** — **left overs** (left 'oovaz)

**baiyik** — **boring** ('bo:ring)

**bajala** — **gonorrhoea**
(gona'riiya)

**baker** — **evaporate** (e'vaporeet)

**bako** — carton of **cigarettes**
('kaaton ov siga'retz)

**bakra** — **crib** (krib)

**bakshiish** — **tip** (tip)

**bakta** — **luck** (lak)

bakuur — incense ('insens)

bala — dates (deets)

bala ... ta buna — tie (tai)

kutu bala fi — concentrate on
('konsen'treet on)

balaash! — forget about!
(fo:'get a'baut)

bi balaash — free (frii)

balak — report (ri'po:t)

balasu — abolish, cancel, give
up (a'bolish, 'kænsel, giv 'ap)

balf — valve (vælv)

balta — axe (æks)

bambara — stool (stuul)

bambe — sweet potatoes
(swiit po'teetooz)

bambi — pink (pink)

bamiya — okra ('okra)

banafseeji — purple (pa:pl)

banggaara — millet beer
('milit 'biiya)

banggi — hashish (hæ'shiish)

banij — anaesthetic ('ænisthetik)

banjok — pumpkin ('pampkin)

banki — bank (bænk)

bantaloon — trousers
('trauwzaz)

banuur — tumbler ('tambla)

bar — bar (baa)

bara — off, outside (of, aut'said)

bara min — apart from
(a'paat from)

baraad — kettle ('ketal)

baraad ... ta tarabeeza — tea pot
(tii pot)

baraiya — pencil sharpener
('pensil 'shaapna)

barashot — parachute
('pærashuut)

barau — different, seperate
('difarent, 'separat)

barau ... biduun haja tani geriib
— alone (a'loon)

bardu — also, as well
('o:lsoo, æz'wel)

barham — ointment ('oyntment)

barid — cold (koold)

barii — innocent ('inasent)

bariima — drill (dril)

bariima ... maa ida muaraj —
bit and brace (bit ænd brees)

bariiya — cattle trader
('kætal 'treeda)

barmiil — barrel ('bærel)

barnaamij — schedule ('skedyul)

barshama — rivet ('rivet)

bartuus — sandal ('sændal)

baruugi — bugle ('byugal)

baruuka — wig (wig)

bas — bus (bas)

basal — onions ('anyanz)

basala tum — garlic ('gaalik)

basbort — passport ('paaspo:t)

basham — jackal ('jækal)

93

basila — peas (piiz)

basta — spaghetti (spa'geti)

bastor — pastor ('paasta)

bata — duck (dak)

bataal — bad (bæd)

bataatis — potatoes (po'teetooz)

batalu — stop (stop)

batalu ... haja ze kobs awa
  kanafiiya — turn off (ta:n of)

batana — belly ('beli)

batana — stomach ('stamak)

bataniiya — rug (rag)

bataniiya ... maksuus ta num—
  blanket ('blænket)

batariiya — torch (to:ch)

batariiya ... kebiir ze ta arabiiya
  — battery ('bætari)

batiik — water melon
  ('wo:ta 'melon)

bawam — chimpanzee
  ('chimpanzii)

bebi — baby ('beebi)

bedal — pedal ('pedal)

bedela — jacket ('jæket)

bedri — early (a:li)

beled ... bara min mudiina —
  country, countryside ('kantri,
  kantri'said)

beled ... mahaal al zol raba fogo
  — original home (o'rijinal
  hoom)

beliid — dull, stupid
  (dal, 'styuupid)

zol beliid — fool, idiot
  (fuul, 'idiyat)

benesiliin — penicillin
  (peni'silin)

benziin — petrol ('petrol)

beredu — wash (wosh)

beredu ... zol tani — bath
  (baath)

beredu ... nefsa — take a bath
  (teek a baath)

bereg — flag (flæg)

berjil — make a mess
  (meek a 'mes)

bes — only ('oonli) e.g. he only
brought one egg (hi oonli
  bro:t wan eg) huwa jibu
  wahid beyd bes

besiit ... sahil — easy, simple
  ('iizi, 'simpal)

besiit ... ma ketiir — few (fyu)

besiit ... ma muhiim — petty
  ('peti)

betrol — oil (oyl)

beyd — egg (eg)

beyn ... zahir — appear (a'piiya)

beyn — between (ba'tween)

ma beyn — absent ('æbsent)

beyt — home, house
  (hoom, haus)

beytari — veterinary station
  ('vetinarii 'steeshan)

bezabt — exact (eg'zakt)

bi — by, via (bai, 'vaiya)

94

**bidalan min** — **instead** (in'sted)

**biduun** — **without, devoid of** (wi'dhaut, di'voyd ov)

**biga** — **become** (bi'kam)

**biga kweys** — **improve** (im'pruuv)

**bika** — **funeral, wake** ('fyuunaral, week)

**bikab** — **record player** ('reko:d 'pleeya)

**bikir** — **first born** (fa:st bo:n)

**bilai!** — **really!** ('riili)

**bileel** — **at night** (at 'nait)

**bilhaarziya** — **bilharzia** (bil'haaziiya)

**bili** — **ball bearing** (bo:l bering)

**bilu** — **wet, moisten** (wet, 'moysan)

**bilu** ...kutu fi moya — **soak** (sook)

**binaadum** — **mankind** (mæn'kaind)

**biniiya (banaat)** — **girl** (ga:l)

**biniiya (banaat)** ... ta abu bito — **daughter** ('do:ta)

**biniiya fataa** — **virgin** ('va:jin)

**bira** — **beer** ('biiya)

**biraa** — **slowly** ('slooli)

**biraa-biraa** — **gradually** ('grædyuali)

**birish** — **mat** (mæt)

**biskiir** — **towel** ('tauwel)

**biskwiit** — **biscuit** ('biskit)

**biston** — **piston** ('pistan)

**bit (banaat)** — **girl** (ga:l)

**bit** ...ta abu bito **(banaat)** — **daughter** ('do:ta)

**bit fataa** — **virgin** ('va:jin)

**bita** — **of** (ov)

**biyr** ... moya al tala barau min turaab — **spring** (spring)

**biyr** ... al nas bi-hafra — **well** (wel)

**biza** — **baby's bottle** ('beebiz botel)

**bizra** — **seeds** (siidz)

**blad** — **floor** (flo:)

**blastiik** — **plastic** ('plæstik)

**blusa** — **blouse** (blaus)

**boliis** — **police** (po'liis)

**boliis haraka** — **traffic police** (træfik poliis)

**bonjuus** — **boy, young'un** (boy,'yangan)

**bowma** — **owl** (aul)

**boya** — **paint** (peent)

dugu maa **boya** — **paint** (peent)

**bransiis** — **cigarette papers** (siga'ret peepaz)

**bronz** — **bronze** (bronz)

**budaaha** — **goods, merchandise** (gudz, 'ma:chandaiz)

**buharaat** — **spices** ('spaisiz)

**buheera (buhiraat)** — **lake** (leek)

**bukaar** — **steam** (stiim)

**bukra** — **tomorrow** (tu'moroo)

**bul**— **urine, piss** ('yurin, ris)

**bul ta wolidu**— **sperm** (spa:m)

**bulu** — **urinate, piss** ('yurineet, pis)

**bun** — **coffee beans** ('kofi biinz)

**buna** — **building** ('bilding)

**bundikiiya** — **gun** (gan)

**bundukiiya** ... al bi-darabu bezabt min ba-iid — **rifle**(raifl)

**buni** — **brown** (braun)

**buniya** — **fist** (fist)

**buntuk** — **grain alcohol** (green 'ælka'hol)

**bura** — be **surplus**, be **unmarketable** (bi sa:plas, bi' an'maaketabal)

**bura** ... kadiis — **cat** (kæt)

**burtugaal** — **orange** ('oranj)

**bus** — **reed** (riid)

**busa** ... magaas — **inch** (inch)

**busa** ... salaam maa kasma — **kiss** (kis)

**bushkaatib** — **clerk** (klaak)

**busta** —**mail, post** (meel, poost)

**buzaak** — **saliva** (sa'laiva)

**buzaak** ... now al takiin — **phlegm** (flem)

**buzaak** ... al zol tufu— **spittle** ('spital)

**bwab** —_ **gate** (geet)

**bwaba** — **archway** ('aachwee)

**byu** — **buy** (bai)

**byu bara** — **sell** (sel)

ta **byu** — for **sale** (fo:'seel)

D    **D  d**

**da-da** — **child minder** ('chaild mainda)

**daafi** —**defend** (di'fend)

**dab** — **lizard** ('liza:d)

**daba** — **slaughter** ('slo:ta)

**dabaaba** — **tank** (tænk)

**dabaasa** — **stapler** ('steepla)

**dabalaan** — white**cotton cloth** (wait 'koton kloth)

**dabara** — **injury, wound** ('injuri, wuund)

**dabara** ... al ma awz abarudu — **sore** (so:)

**dabiiba** — **snake** (sneek)

**dabiru** — **manage** ('mænej)

**dabit sijuun** — **prison officer** ('prizon ofisa)

**dabuura (dababiir)** — **star** (staa)

**dabuus** — **pin** (pin)

dafa — **pay, paid** (pee, peed)

dafa ... raja guruush awa haja tani — **repay** (ri'pee)

dafi — **warm** (wo:m)

daftar — **note pad** (noot pæd)

dagdag — **bumps** (bamps)

dagdag ... hofraat — **pot holes** (pot hoolz)

dagdag ... kan sika baga ze loho ta zinki — **corrugation** (kora'geeshon)

dagiig — **flour** ('flauwa)

dagiig fiina — fine **wheat flour** (fain wiit 'flawa)

dagiig geme — coarse **wheat flour** (ko:s wiit 'flawa)

dagiiga (dagaig) — **minute** ('minit)

dagiiga ... zaman shweya — **moment** ('mooment)

dahab — **gold** (goold)

dahabi — **golden** ('goolden)

dahar — **back** (bæk)

daiman — **always** ('o:lweez)

daira — **circle** ('sa:kal)

daira ... ta intigabaat — **constituency** (kon'stityuensi)

dak— **that** (dhæt)

dakal fogo — **interfere** (inta'fiiya)

dakalu —**come in, came in, enter, go in, went in** (kam'in, keem'in, 'enta, goo'in, went'in)

dakiil — **income, revenue** ('incam, 'revenyu)

dakin ... sigaara awa kodos — **smoke** (smook)

dakliiya — **boarding** ('bo:ding)

dakt ta dom —high **blood pressure** (hai blad presha)

dala ... alisu — **look down on** (luk 'daun on)

dala ... worii le nas nefsa — **show off** (shoo of)

dalaala — **sale** (seel)

daliil — **guide** (gaid)

damaana ... al bi-fiku zol min sijin — **bail** (beel)

damaana — **guarantee** ('gærantii)

damaga — duty **stamp** ('dyuuti stæmp)

damanu —**guarantee, bail** ('gærattii, beel)

danga — **bow** (boo)

dar-riyaada — sports **stadium** (spo:ts 'steedium)

darabaat ta gelba — **pulse** (pals)

darabu — **shoot, shot** (shuut, shot)

darabu nar — **firing range** ('fairing reenj)

daraga — **shield** (shiild)

darba — **multiplication** (malti'plikeeshan)

dardeg —**roll** (rool)

daruuri — **necessary** ('nese'seri)

97

dastiir ... ta kashab —
**brushwood** ('brashwud)

dastiir ... ta hadiid — **tie** (tai)

dawa — **medicine** ('medisin)

daya —**waste, spend, spent**
(weest,     spend, spent)

daya ... ta wilaada — **midwife**
('midwaif)

dayaat — tall **story** (to:l 'sto:ri)

de — **this, that** (dhis, dhæt)

dedebaan — **sentry** ('sentri)

defaa — **defence** (di'fens)

defaa medani — **civil guard**
(sivil gaad)

degish — **feel, touch** (feel, tach)

dehik — **laugh** (laaf)

demariiya — **cotton cloth**
('koton kloth)

denggir — **bend down, stoop**
(bend daun, stuup)

denjir — **sickle** ('sikal)

der — **need, want** (niid, wont)

derib — **trail** (treel)

deribu — **train** (treen)

deriiba (daraib) — **duty** (dyuuti)

derija — **degree** (di'grii)

derija ...  ta rutba — **class**
(klaas)

derija haraara — **temperature**
('tempracha)

derisu — **teach, taught**
(tiich, to:t)

deyfaan (diyuuf) —**guest** (gest)

deygu — **take in, took in** (teek in,
tuuk in)

deyig — **narrow, tight** ('næroo,
tait)

deyiif — **weak** (wiik)

deyn — **debt, liability, loan** (det,
laiya'biliti, loon)

wodii deyn — **lend, lent** (lend,
lent)

deynu — **borrow** ('boroo)

di-aya — **advertisement**
(ad'va:tisment)

dibla — **ring** (ring)

diblooma — **diploma**
(di'plooma)

diga — **wick** (wik)

digin — **beard** ('biiyad)

abu **digin** — **bearded person**
('biiyadid pa:son)

digrii — **degree** (di'grii)

dihaan — **ointment, skin cream**
('oyntment, skin kriim)

dik ...   rajil jidaada — **cock** (kok)

diktowr (dakaatra) — **doctor,
physician** ('dokto:, 'fizishan) .

diktowr ... asnaan — **dentist**
('dentist)

dilka — **massaga** (ma'saaj)

dimoo — **tear** ('tiiya)

dimukratiiya — **democratic**
(demo'kratik)

dir — manage ('mænej)

diriksiyon — steering wheel ('stiiyring wiil)

distemba — distemper (dis'tempa)

diyd — feud (fyuud)

diyn — religion (ri'lijan)

dof dom — anaemia (a'niimiya)

dof nazar — short-sighted (sho:t-'saitid)

dofagu — spill (spil)

dofanu — bury ('beri)

dom — blood (blad)

domina — dominoes ('dominooz)

dongki —waterpump (wo:ta'pamp)

dowla (duwal) — country, state ('kantri, steet)

dowr — walk (wo:k)

dowr … makana — turn on, start (ta:n on, staat)

dowra shahariiya — menstrual period ('menstral 'piiriyad)

dowriiya — walk (wo:k)

dowsha — fuss (fas)

dowsha … maa sot — noise (noyz)

dubaan — fly (flai)

dubaan asil — bee (bii)

dubaara — rope (roop)

dud — worm (wa:m)

dud shariit — tape worm (teep wa:m)

dufa — age mate, contemporary (eej meet, kon'temporari)

dufur … ta haywaan awa ter — claw (klo:)

dufur — nail (neel)

dugaara — chock (chok)

dugu — hit, knock, strike (hit, nok, straik)

dugu … shadiid kalis — beat (biit)

dugu boks — punch, box (panch, boks)

dugu falaatah — knock over (nok 'oova)

dugu lokonggoro — wrap with the knuckles (rap widh dha nakalz)

dugu maa buniya — punch, box (panch, boks)

dugu maa kuraa — kick (kik)

dugu naiyim — ignore (ig'no:)

duhur — noon (nuun)

dukaan (dakakiin) — shop (shop)

dukaan … ta nar—smoke, fumes (smook, fyumz)

dukun — finger millet (fingga milit)

dukuri — straight on (street on)

dul — shade (sheed)

dula — rib (rib)

**dulaab — cupboard** ('kabo:d)

**dulgaan — rag** (ræg)

**duluuma — darkness, gloom** ('daaknes, gluum)

**duma — honey beer** ('hani 'biiya)

**duniya — world** (wa:ld)

**dur — turn** (ta:n)

**dur wahid — once** (wans)

**dur ...** ta karahiiya **— malice, spite** ('mælis, spait)

**dura — millet** ('milit)

**durij — drawer** ('dro:a)

**durij ...** tarabeeza ta madraasa **— school desk** (skuul desk)

**durwaas — coarse** (ko:s)

**dus — chest** (chest)

**dush — shower** ('shawa)

**dusmaan — fight** (fait)

**dusmaan ...** kebiir **— battle** ('bætal)

**dusmaan ...** maa koraak **— brawl** (bro:l)

**dusman — fight, fought** (fait, fo:t)

**dusu ...** kutu fi mahal siri **— hide** (haid)

**dusu ...** dusu min zabain **— hoard** (ho:d)

**dusu fok — save** (seev)

**dusu — hit, strike, struck** (hit, straik, strack)

**dusu ...** maa kuraa **— tread on** ('tred on)

**dusu farmala — brake** (breek)

**dusunteeriya — dysentry** ('disintri)

**duwaaya — pipe** (paip)

E

**efeendi — official** (o'fishal)

**elaam—information** (info:'meeshon)

**elaan —notice** ('nootis)

**ena (iyuun) — eye** (ai)

**endu — have, had** (hæv, hæd)

**esh — bread** (bred)

**eyb — bad habit** (b?d 'hæbit)

**eyma — turban** ('ta:ban)

fadal — welcome ('welkom)

fadal ... der wodii — offer ('ofa)

fadal ... bagi— be left (bi'left)

fadal! — come in! (kam'in)

fadi ... mafi haja fogo — empty, vacant ('empti, 'veekant)

fadi ... maftuuh —open ('oopen)

fadi ... gargash — bare ('beeya)

fadiiya — disgrace, embarrassment, shame (dis'grees, em'barasment, sheem)

faga — split, break, broke (split, breek, brook)

faga .... haja mafuuk — burst (ba:st)

faga ... shegigu — crack (kræk)

faga .... ze gumbala — explode (eks'plood)

faga .... wilaada ta tiyuur — hatch (hæch)

fagaara ... al zol gasid rasalu — curse (ca:s)

fagaara ... alaama ta haja bataal fi mustaagbal —omen ( 'oomen)

fagaru — curse (ca:s)

faham — charcoal ('chaakool)

fahim— understand, understood (anda'stænd, anda'stud)

fahim ... kutu zol fahim— advise (ad'vaiz)

faida —benefit, gain, profit, value ('benefit, geen, 'profit, 'vælyuu)

fail — file (fail)

faja — panic ('pænik)

faka — change (cheenj)

fakat — only ('oonli)

fakiha (fawaaki) — fruit (fruut)

falaatah — down (daun)

falaja — tooth gap (tuuth gæp)

falk — outerspace (auta'spees)

fan — skill (skil)

fanaan (fananiin) ... ta aala — musician (myuu'zishan)

fanaan (fananiin) ... ta gona — singer ('singa)

fanan — decorate ('dekoreet)

fandasiiya —decoration (deko'reeshon)

fani — technical ('teknikal)

faniila ... ta ket karuuf — jumper ('jampa)

faniila — t-shirt (tii-sha:t)

faniila .... al libisuu tihit gamiis— vest (vest)

101

fanuus — lamp (læmp)

far (feraan) — rat (ræt)

fara — plane (pleen)

faraasha — butterfly ('bataflai)

Faransa — France (fræns)

Faransaawi—Frenchman ('frenchman)

Faransi — French (french)

farhaan — glad (glæd)

farmala — brake (breek)

farwa — fur (fa:)

fas — axe (æks)

fasa — fart, break wind (faat, breek wind)

fasal ... sagit — fail (feel)

fashfash —— lung (lang)

fasil — class (klaas)

Faska — Easter ('iista)

faskoon — shabby (shæbi)

faskoon ... lon futu — faded ('feeded)

fata — open ('oopen)

fata ... haja ze kobs awa kanafiiya — turn on (ta:n on)

fata balaak — report (ri'po:t)

fataha — gap (gæp)

fati — light, pale (lait, peel)

fatuur — breakfast ('brekfast)

fatuura — bill, invoice, receipt (bil, 'invoys, ri'siit)

faul — foul (faul)

fawaaki — fruit (fruut)

fejiru — blow up, blew up (bloo ap, bluu ap)

felan — in fact (in 'fækt)

ferik — difference ('difarens)

feriku — scatter ('skæta)

ferish — spread (spred)

ferish seriir — make the bed (meek dha bed)

ferish tarabeeza — lay the table (lee dha 'teebal)

fertig — separate ('separeet)

fertig ... bil aks min rekibu — take apart (teek apaat)

fetiis — carcass ('kaakas)

fetish — look for, search for (luk 'fo:, sa:ch fo:)

fetish ... amilu muraja-aat— inspect (in'spekt)

feyadaan — flood (flad)

feylan — actually ('æktyuli)

fi — by, in, into, to (bai, in, intu, tu)

fi — there is ('dheya iz) e.g. there is meat (dheya iz miit) fi laham

fida — silver ('silva)

fikir — think, thought (think, tho:t)

fikira (afkaar) — thought, idea, view (tho:t, ai'diiya, vyuu)

fiku — **undo** (an'duu)

fiku ... shilu bara— **detach** (di'tach)

fiku ... auru adalaat — **sprain** (spreen)

fiku ... juru ziyaada — **strain** (streen)

fiku ... ze maa mufak— **unscrew** (an'scruu)

fiku ... rubaat — **untie** (an'tai)

fiku ... amilu faka — **change** (cheenj)

fil miya — **percent** (pa: 'sent)

filaan — this **person** (dhis 'pa:son)

filaan-filaan —**so and so** (soo ænd goo)

filfil — **pepper** ('pepa)

filfil akdar — **green pepper** (griin 'pepa)

filim (aflaam) — **film** (film)

filiz — **metal** ('metal)

filta — **filter** ('filta)

finjaan — **coffee cup** ('kofi kap)

fisiya — **physics** ('fiziks)

fiyl — **elephant** ('elefant)

fok — **over, up** ('oova, ap)

fok kalis ... aali — **high** (hai)

fok min — **above** (a'bav)

fotom — **wean** (wiin)

fowd — **pass** (paas)

fowd maa ... amilu mushakil— **cause trouble to, payback** (ko:z 'trabal tu, pee'bæk)

fowda —**disorder** (dis'o:da)

ful sudaani — **peanuts** ('piinats)

fula — **cork** (ko:k)

fundisiiya—**ornament** ('o:nament)

fundug — **hotel** (hoo'tel)

funduk — **mortar** ('mo:ta)

dugu maa **funduk** —**pound** (paund)

furfur — **itch** (itch)

furn — **oven** ('avan)

fursa —**chance, opportunity** (chaans, opo:'tyuuniti)

fursha — **brush** (brash)

fursha ta sunuun — **tooth brush** (tuuth brash)

fursha ta boya —**paintbrush** ('peentbrash)

furu ... maa nar — **boil** (boyl)

furu ... ze bebsi awa kafuuta— **fizz, effervesce** (fiz, efa'ves)

furu ... min kamiira awa zeriiya — **ferment** (fa:'ment)

furugaat — **arrears** (a'riiyaz)

fustaan — **dress** (dres)

futa — **table cloth** ('teebal kloth)

futu — **go, went** (goo, went)

futu .... ruwa kalaas — **depart** (di'paat)

103

futu .... amilu ziyaada — **exceed** (ek'siid)

futu .... ruwa gidaam— **pass** (paas)

futu ... amilu ahsen — **surpass** (sa:'pas)

fuz — **fuse** (fyuuz)

gaba — **bush** (bush)

gaba ... maa ashjaar ketiir — **forest** ('forest)

gaba ... maa ashjaar shweya — **scrub** (skrab)

gabiila ... (gabail)— **tribe** (traib)

gabil — **meet, met** (miit, met)

gabli — **before** (bi'fo:)

gada — **lunch** (lanch)

abu gada ... ta turaab — **tortoise** ('to:toyz)

abu gada ... ta bahar — **turtle** (ta:tl)

gadam — **foot** (fut)

gadaru — **as big as** (æz big æz)

gadi — **judge** (jadj)

gadiim — **old** (oold)

gadiiya — **case** (kees)

gadiiya ... ta makama melaki— **lawsuit** ('lo:suut)

gafas — **cage, pen** (keej, pen)

gafiir — **watchman, guard** ('wochman, gaad)

gahwa — **coffee** ('kofi)

gaida — **sitting** ('siting)

galab — **defeat** (di'fiit)

galam — **pen** (pen)

galam hibir —**fountain pen** ('faunten pen)

galam nashif — **biro**, ball point pen ('bairoo, bol: poynt pen)

galam rasaas — **pencil** ('pensil)

galat — **error, fault, mistake, wrong** ('ero: fo:lt, mis'teek, rong)

galbauwi — **someone who will not listen to others**

galgaan — **anxious** ('ænkshas)

gali — **expensive** (ek'spensiv)

galtaan — **mistaken, wrong, at fault** (mis'teekan, rong, at fo:lt)

galtaan .... ta jeriima — **guilty** ('gilti)

gamar — **moon** (muun)

gamid — **dark** (daak)

gamiis — **shirt** (sha:t)

gamiru — **gamble** (gæmbal)

gana — **bamboo** (bæm'buu)

ganamaiya (agnaam)—**goat** (goat)

gani — **rich** (rich)

**ganiyaan** — **rich** (rich)

**gantara** — **bridge** (brij)

**ganuun** — **law** (lo:)

**ganuun** ... ta hisaab — **formula** ('fo:myula)

**gara** — **gourd** (gua:d)

**garaama** — **penalty** ('penalti)

**garaama** ... ta guruush — **fine** (fain)

**garamu** — **fine** (fain)

**garanful** — **cloves** (kloovz)

**garb** — **west** (west)

**gargar** — **gargle** ('gaagal)

**gargara** — **gargle** ('gaagal)

**gargash** — **with nothing to offer** (widh nathing tu ofa)

**gargash** ... kan esh yabis — **stale** (steel)

**gariya** ... bara min mudiina — **country, village** ('kantri, 'vilij)

**garmaan** — **mean, selfish** (miin, 'selfish)

**garmaan** ... ma bi-fadal nas — **inhospitable** (inho'spitabal)

**garuun** — **horn** (ho:n)

**garuun** abu — **rhino** ('rainoo)

**gasab** — **stalk** (sto:k)

**gasid** — **intend, intension** (in'tend, in'tenshan)

**gasiis** — **clergyman** ('kla:jiman)

**gata** — **cut** (kat)

**gata** ... sika — **cross** (kros)

**gata** ... nagisu —**deduct** (di'oakt)

**gata** ... wogif barau —**stop** (stop)

**gata** ... kan makana wogif barau — **stall** (sto:l)

**gata kalaam**—**interrupt** (inta'rapt)

**gata wonasa** —**interrupt** (inta'rapt)

**gatar** — **train** (treen)

**gawa** — **coffee** ('kofi)

**gayid** — **seated** ('siited)

**gedim** ... ruwa sawa — **accompany** (a'kampani)

**gedim** ... worii sika le zol— **lead, led** (liid, led)

**gelba** — **heart** (haat)

**gelba kebiir** — **greed, meaness** (griid, 'miines)

**gelba sukun** —**bad temper, ill will** (bæd 'tempa, il wil)

**gelba barid** —**honesty, calmness** ('onesti, 'kaamnes)

**gelget** — **testicles** ('testikalz)

**gelibu** — **beat** (biit) e.g.I beat Lako (ai biit Lako) ana gelibu Lako

**gelibu fi** — **win, won** (win, wan) e.g. I won the race (ai wan dha rees) ana gelib fi sabak-sabak

**geme** — **wheat** (wiit)

**geni** ... sakin — **live** (liv)

**geni** ... ma ruwa — **stay, remain** (stee, ri'meen)

**geni** ... falaatah — **sit, sat** (sit, sæt)

**geni fi** — **occupy** ('okyupai)

**genziir** — **chain** (cheen)

**genziir** ... ze kuraa ta dabaaba —**caterpillar track** ( 'kætapila træk)

**geriib** — **about, almost, near** (a'baut, 'o:lmoost, 'niiya)

**geriib** badi shweya— **soon** (sun)

**geriib le** — **beside, by, next to** (ba'said, bai, nekst tu)

**geriib maa** — **beside, by, next to** (ba'said, bai, nekst tu)

**geru** — **change** (cheenj)

**geru** ... fi suk — **exchange** (eks'cheenj)

**gesh** — **grass** (graas)

**gesim** — **divide, share** (di'vaid, 'sheeya)

**gibeel** — **earlier** ('a:liya)

**gidaam** — **front, forward, ahead** (frant, fo:wa:d, a'hed)

**gidaam min** —**in front of** (in frant ov)

**gidu** — **pierce** ('piiyas)

**gidu-gidu** — **perforate** ('pa:fareet)

**gifil** — **lock** (lok)

**gil-adab** — **ill mannered, impudent, insolent** (il 'mæna:d, 'impyuudent, insolent)

**gilibu** ... maa malaga —**stir** (sta:)

**gilibu** ... geru min haja wahid le haja tani — **change into** (cheenj intu)

**giniita** — **anus** ('eenas)

**giraiya** — **reading** ('riiding)

**girba** ... ta moya — **water bag** (wo:ta bæg)

**girba** ... ta nas hadaad — **bellows** ('belooz)

**girfa** — **cinamon** ('sinamon)

**girid** — **baboon** (ba'bun)

**giring-giring** — **spotted** ('spoted)

**gisa** — **story, tale** ('stori, teel)

**gisariiya** — **chamber pot, potty** ('cheemba pot, 'poti)

**gishai** — **tea leaves** (tii liivz)

**gishir** ... ta fawaaki awa kudrawaat — **peel, skin** (piil, skin)

**gishir** ... ta shejara — **bark** (baak)

**gishir** ... ta samak —**scales** (skeelz)

**gishir ras** — **dandruff** ('dændraf)

**gishiru** — **peel** (piil)

**gisiima** —**marrige certificate** ('mærij sa:'tifikat)

**gisim** — **body** ('bodi)

**gisma** — **division, part** (di'vizhon, paat)

**gisu** ... magaas awa wozn— **measure** ('mezha)

gitaa — piece (piis)

gitaan — wick (wik)

gitaar — guitar (gi'taa)

giyaafa —beautiful, pretty, handsome ('byuutifal, 'priti, 'hændsam)

giyaafa ... libis kweys — smart (smaat)

giyaama ... akir yom ta duniya — end of the world (end ov dha wa:ld)

giyaama ... yom nas al motu bi-gum — day of resurrection (dee ov reza:rekshon)

gizaaza — bottle ('botal)

gizaaza ... ta lamba — glass (glaas)

gobedu ... ma sibu — hold, held (hoold, held)

gobedu ... akadu maa gowa — take, took (teek, tuk)

gobedu ... sudfa wa maa gowa — seize (siiz)

gobedu ... min hawa awa huriiya masalan fi liyb awa seyd — catch, caught (kæch, ko:t)

gobedu ... kutu fi haraasa — arrest (a'rest)

gofulu ... haja al kan fadi — close, shut (klooz, shat)

gofulu ... batalu — stop (stop)

gofulu ... haja maa kobs awa kanafiiya — turn off (ta:n of)

gofulu ... haja maa muftah awa tabla — lock (lok)

goho — cough (kof)

golong-golong — round (raund)

gomul — louse, lice (laus, lais)

gona — sing, sang (sing, sæng)

gona (agaani) — song (song)

gonduur — ant hill (ænt hil)

gonya — frog (frog)

goton — cotton ('koton)

gowa —effort, energy, force, power, strength ('efo:t, 'ena:ji, fo:s, 'pauwa, strength)

gowi ... shadiid — strong, solid (strong, 'solid)

gowi ... ma na-im awa ma besiit — hard (haad)

gowi ... ma agder melu — rigid ('rijid)

gowi ... marbuut shadiid — tight (tait)

grindi — hippo ('hipoo)

gubla — kiss (kis)

gubr — grave (greev)

gufa — basket ('baasket)

gugu — granary ('grænari)

gul — say, said (see, sed)

gum ... abidu — begin, get up, start (ba'gin, get ap, staat)

gum ... min num— wake, get up (week, get ap)

gum fok — rise, get up (raiz, get ap)

gumaar — gambling ('gæmbling)

gumaash — cloth (kloth)

gumai — porter ('po:ta)

gumashaat — clothes (kloodhz)

gumbala — bomb (bom)

arimu maa gumbala — bomb (bom)

dugu maa gumbala — bomb (bom)

gumbala ida — grenade (gre'need)

gumbala shata — tear gas ('tiiya gaas)

gumbala zuriiya — nuclear bomb ('nyuukliya bom)

gumuriiya — wood pigeon (wud 'pijin)

guniila — petticoat ('petikoot)

guraad — tick (tik)

gurbaal — sieve (siv)

gurbalu — sift (sift)

gurgur — shell (shel)

abu gurgur — snail (sneel)

gurma — pot (pot)

guruush — money ('mani)

guseer — short (sho:t)

gushu ... maa magshasha — sweep, swept, brush (swiip, swept, brash)

gusu ... maa magaas — cut out (kat aut)

gutiiya — hut, tukl (hat, tukl)

gwaava — guava (gwaava)

gwam — fast, quickly (faast, 'kwikli)

haba — bit, part, piece (bit, paat, piis)

haba (hibuub) ... namnam — spot, pimple (spot, 'pimpal)

habaaba — fan (fa:n)

habas ... kutu zol fi sijin — imprison (im'prizon)

habas ... kutu zol fikir sawa maa ita — persuade ( pa:' sweed )

habasa — gaol (jeel)

habiib — boyfriend, lover ('boyfrend, 'lava)

habiiba — girl friend, lover (ga:l frend, lava)

habil ... al gowi — rope (roop)

habil ... al mutawasit fi gowa — chord (ko:d)

habil ... al kafiif — string (string)

habil ta jizma — lace (lees)

habishu — touch (tach)

habuub ... ta turaab —dust storm ('dast sto:m)

habuub ... ta rumla — sandstorm ('sændsto:m)

habuub ... ta matar — storm (sto:m)

habuub ... ta hawa — wind, gale (wind, geel)

habuuba — grandmother ('grændmadha)

had — limit ('limit)

hadaad — blacksmith ('blæksmith)

hadaad — smith (smith)

hadidu — threaten ('threten)

hadiid — iron ('aiyan)

hadiid ... aya filiz— metal ('metal)

hadiika — garden, park ('gaaden, paak)

hadiiya — gift, present (gift, 'prezent)

hadir — attend, be present (a'tend, bi 'prezent)

hadir ... jahiz — ready ('redi)

hadis — crash (kræsh)

hadis ... al hasil biduun sabab — accident ('æksident)

hafaara — digging rod ('diging)

hafiir — waterhole (wo:ta'hool)

hafiru — dig (dig)

hafiru ... maa makana — bore (bo:)

hafisu —keep save, reserve (kiip, seev, ri'za:v)

hafisu ... alim — learn (la:n)

hafisu ... shuf kweys — look after (luk 'aafta)

hafisu alim hajaat lakin ma arif mana bitooman — cram (kræm)

hafiyaan — bare footed ('beeya 'futed)

hafla — party ('paati)

hagaara — rude (ruud)

hagiiga— fact, truth (fækt, truuth)

hai — alive, living (a'laiv, 'living)

hai hila — quarter (kwo:ta)

hai nyakaama — squatter settlement ('skwota 'setalment)

haikal ... ta beyt —frame (freem)

haikal ... ta gisim ta zol — skeleton ('skeletan)

haj — pilgrim (pilgrim)

haja — thing (thing)

hajer (hujaar) — stone (stoon)

hajer (hujaar) ... akbar min — "stone" rock (rok)

hajer nar —whetstone (wet'stoon)

hajimu — attack (a'tæk)

hajiru — desert, run away (di'za:t)

hajis — **book, reserve** (buk, re'za:v)

hajuum — **attack** (a'tæk)

hak (huguuk) — **right** (rait)

haki — **relate, tell, told** (ri'leet, tel, toold)

haki ... mesil — **imitate** (imi'teet)

hakim — **ruler** ('ruula)

hakim ... ta iklim— **governor** ('gavana)

hakimu — **govern, rule** ('gava:n, ruul)

hakimu ... ze gadi — **try** (tri)

hakimu ... worii garaama fi makama — **sentence** ('sentens)

hal — **condition** (kon'dishon)

hala — **pan, pot, saucepan** (pæn, pot, 'so:span)

halaag — **barber** ('baaba)

halag — **ear ring** ('iiya ring)

halaga — **link** (link)

makana-**haleega** — **razor** ('reezo:)

halga — **throat** (throot)

halif — **promise, swear** ('promis, 'sweeya)

haligu — **shave** (sheev)

haliib — fresh **milk** (fresh milk)

haliifa — **oath** (ooth)

haluuf — **warthog** ('wo:t'hog)

hamaam ... now ta ter — **dove, pigeon** (dav, 'pijin)

hamaam ... ta beredu — **bathroom** (bæth'rum)

mahaal hamaam — **bathing place** ('beething plees)

hamaati — **sister inlaw** ('sista 'in-lo:)

hamai — **brother inlaw** ('brother 'in-lo:)

hamil — **conceive, become pregnant** (kon'siiv, bi'kam 'pregnant)

hamilaan — **pregnant** ('pregnant)

hamiru — **fry** (frai)

hamiya — **garrison** ('gærison)

hamud — **sour, bitter** (sauwa, 'bita)

handasa — **geometry** ('jiy'ometri)

hanisu — **calm down, console** (kaam daun, kon'sool)

haraami — **thief** (thiif)

haraara — **heat** (hiit)

haraasa — **gaol** (jeel)

harab — **flee** (flii)

haragu — **burn** (ba:n)

haragu ... maa moya sukun — **scald** (sko:ld)

haraka — **movement** ('muuvment)

haraka ... al endu mana — **sign** (sain)

harakaat ... ta aklag — **behaviour** (bi'heevya)

harba — spear ('spiiya)

harif (huruuf) — letter ('leta)

hariiga — fire ('faiya)

hariir — silk (silk)

hariis — careful, cautious ('keeyafal, 'ko:shas)

harik — get a move on! (get a muuv on!)

haris — guard, sentry (gaad, 'sentri)

haris ... ta kura gadam — goalkeeper (goolkiipa)

has-has — gravel ('grævel)

hasa — now (nau)

hasa de — this moment, now (dhis 'mooment, nau)

hasasiiya — allergy ('ælajii)

hashara — insect ('insekt)

hashiish (hashaayish) — weed (wiid)

hasib — accountant (a'kauntant)

hasiira — mat (mæt)

hasil — happen, occur ('hæpen, o'ka:)

hawa — air (eya)

hawa shediid — wind (wind)

hawal — try, attempt (trai, attempt)

hawi — magician (ma'jishan)

hawl — around (a'raund)

haya — life (laif)

haywaan — animal ('ænimal)

haz — luck

haz bataal — misfortune (mis'fo:tyun)

haziin — unhappy, sad (an'hæpi,sæd )

haziru — joke (jook)

haznaan ... ta mut — mourning ('mo:ninq)

haznaniin — mourners ('mo:naz)

helikobta — helicopter (heli'kopta)

hena — henna ('hena)

heta — wall (wo:l)

heta-heta — small pieces (smo:l 'piisis)

hibin — boil (boyl)

hibu — like (laik)

hibu ... shediid — love (lav)

hibuub ... ta dawa — pill, tablet (pil, 'tæblet)

hiduud — border, frontier ('bo:da, fran'tiiya)

hikaiya — story ('stori)

hila — housing area, quarter ('hausing 'eeriiya, kwo:ta)

hilauwa — sweets (swiitz)

hilga — mannerism ('mænarizm)

hilim — dream, dreamt (driim, dremt)

hilu — sweet (swiit)

himaar — donkey ('donki)

111

himaar ta gaba — zebra (zebra)

himu —care, be concerned
(keeya, bi kon'sa:nd)

hinaak — there ('dheya)

hinai — thingummy (thingami)

Hind — India ('indiya)

Hindi — Indian ('indiyan)

hini — here ('hiiya)

hirbaa — chameleon
(ka'miiliyan)

hisa — lesson, period ('lesan,
'piiriyad)

hisaab — calculation
(kælkyu'leeshon)

hisaab ... maa zol awa banki
(hisabaat) — account (a'kaunt)

hisaab ... ta madraasa —
arithmetic, maths
(a'rithma'tik, mæths)

hiya — she (shii)

hizaar — joke (jook)

hizb — party ('paati)

hizu — shake (sheek)

hod — tank (tænk)

hod ... ta moya fok — cistern
('sista:n)

hofra — hole (hool)

hogna — injection (in'jekshan)

hogna ... makana bito —
syringe (si'rinj)

hogna shargiiya — enema
('enema)

hojaar ... ta bateriya — battery
('bætari)

hosaan — horse (ho: s)

hosh — fence (fens)

juwa ta hosh — courtyard
(ko:t'yaad)

hub — love (lav)

hukum — rule (ruul)

huma — fever (fiiva)

human — they, them (dhee,
dhem)

hur — free (frii)

huriiya — freedom, liberty
('friidom, 'libati)

hush! — come in!, enter! (kam
in, 'enta)

huwa — he (hi)

huwo — he (hi)

huzn — sorrow ('soroo)

ibliis — Satan ('seetan)

ibra — needle (niidl)

ibtasim ... atako shweya biduun sot — smile (smail)

id — holiday ('holidee)

id melaad ta Yesu — Christmas ('krismas)

ida (ideen) — arm (aam)

ida ... mahaal jambu asba (ideen) — hand (hænd)

ida ashara — empty handed ('empti 'hænded)

maa ida gowi — miserly ('maizali)

idaara — administration, management (admini 'streeshan, 'mænejment)

idrab — strike (straik)

idu — add, count (æd, kaunt)

igaama — stay permit (stey 'pa: mit)

ihmaal — recklessness ('reklesnes)

ihsaa — statistics (sta'tistiks)

ihtaaref — confess (kon'fes)

ihteem — care for ('keeya fa:)

ihti-aadi — normal, ordinary ('no:mal, 'o:dineri)

ihti-aadi ... ma bi-geru wa ma bi-wogif — constant ('konstant)

ihtiraaf — confession (kon'feshon)

ihtiraam — respect (rispekt)

ijaaza — holiday, leave, vacation ('holidee, liiv, va'keeshon)

ijil — nile perch (nail pa:ch)

ijiraat — measures ('mezhaz)

ijiraat ... ta makama — proceedings (pros'iidingz)

ikaab — punishment ('punishment)

ila — till, until, to (til, an'til, tu)

ilaaj — treatment ('triitment)

ilba — box (box)

ilba ... ta hadiid — can, tin (kan, tin)

ilba ... min zijaaja — jar (jaa)

imda — signature ('signicha)

imkin — perhaps (pa:'haps)

imsaak ... kan kara ma der ja — constipation (konsti'peeshon)

imsaak ... maa woja badi akil — indigestion (indi'jesdyan)

imtaahan — examine (eg'zæmin)

imtihaan — examination (egzami'neeshon)

in shaala — wish, hope (wish, hoop) e.g. i wish you a good journey I hope you arrive soon (Ai wish yu a gud

'ja:ni ai hoop yu a'raiv suun)
in shaala mumariiya taki
bikuun kweys in shaala
ita bi-woselu geriib

'inggilaab — revolution, coup
(revo'luushon, kuu)

Ingliizi — English (inglish)

Injiil — gospel ('gospal)

inkamas —shrink, shrank
(shrink, shrænk)

insaan — human ('hyuman)

maa insaniiya — peacefully,
politely, with humanity
('piisfali, po'laitli, widh
hyuu'mæniti)

intaaha — be ended, finished (bi
'ended, 'finishd)

intazar — wait (weet)

intibaa — attention (a'tenshon)

intigabaat — election
(e'lekshan)

intimaa — meeting ('miiting)

inzaar — warning ('wo:ning)

irig (uruug) — root (ruut)

irig ... ta dam (uruug) — blood
vessel ('blad 'vesel)

iris — wedding ('weding)

is-haal — diarrhoea (dai'riiya)

isbaat — evidence ('evidens)

isbeer — spare ('speeya)

isbitaaliya — dispensary
(dispensari)

isfononj — sponge (spanj)

ishaa — rumour (ruuma)

ishaara — sign (sain)

ishaara ... ta arabiiya —
indicator (indi'keeta)

ishtakal — work (wa:k)

ishteri — buy (bai)

isim (asaami) — name (neem)

iskirt — skirt (ska:t)

Islaam — Islam (Is'laam)

istaadil — straighten, adjust
('steeten, a' jast)

istaagrab —be surprised (bi
sapraizd)

istaajil — hurry ('hari)

istaamil — use ( yuuz)

istaamir — exploit (eks'ployt)

istaamir ... beled tani —
colonise (kolonalz)

istaata — starter (staata)

istafiid — benefit ('benefit)

istahaama — take a bath (teek a
baath) .

istamiir — continue, get on with
(kon'tinyu, get on widh)

isteedad — stand-by ('stænd-bai)

isteki — accuse (a'kyuuz)

isteki nefsa — to give oneself
away (giv wan'self. a'wee)

istelim — receive (ri'siiv)

isteni — wait (weet)

istiglaal — independence
(inde'pendens)

istigaala — resignation (rezig'ne~shon)

gedim istigaala — resign (ri'zain)

istiika — rubber ('raba)

istiirioo — stereo ('sterioo)

istimaar — exploitation (eksploy' teeshan)

istirah — rest house (rest haus)

ita (itakum) — you (yuu)

itihaad — union ('yuunyan)

itihaam — charge (chaaj)

iyaal — children (children)

iysh — live (liv)

iysh ... nafat min katar awa zuruuf — survive (sar'vaiv)

izn — permission (pa:'pamishan)

# J j

ja — come, came (kam, keem)

jai — coming ('kaming)

ja-iza — prize, reward (praiz, ri'wo:d)

jani — criminal ('kriminal)

jabaat — buttocks ('bataks)

jabalon — roof truss (ruuf tras)

jabiru — force (fo:s)

jaburuwataa — mushroom ('mashrum)

jabuuna — slip (slip)

jag — jug (jag)

jahaanam — hell (hel)

jahil — ignorant ('ignorant)

jahiz — ready ('redi)

jahizu — prepare, make ready (pre'peya, meek'redi)

jalabiiya — shirt (sha:t)

jalon — gallon ('gælon)

jama — university (yuuniva:siti)

jamaa — people, group ('piipal, gruup)

jamaarik — customs ('kastomz)

jamahiir — people ('piipal)

jamal — camel (' kæmal )

jamaleeka — polish ('polish)

jamb — beside,next to (ba'said, nekst tu)

dowr abu jamb — swagger ('swæga)

jamid — solid ('solid)

jamiil — beautiful, pretty ('byuutifal, 'priti)

jamiiya — mosque (mosk)

jamuus — buffalo ('bafaloo)

januub — south (sauth)

115

**januubi** ... janubiin —
**Southern Sudanese** ('Sathan
Suuda'niiz)

**jaraad — grasshopper**
('graashopa)

**jarabaan — scabies** ('skeebiiz)

**jarasiim — germ** (ja:m)

**jarasoon — waiter** ('weeta)

**jariida — newspaper**
('nyuuspeepa)

**jasuus — spy** (spai)

**jawaab** ... fi zerif — **letter**
('leta)

**jawaab** ... kalaam al zol bi-rudu
le zol — **answer, reply**
('aansa, ri'plai)

**jawabu** ... jawabu — **answer**
(aansa)

**jawaz safar — passport**
('paaspo:t)

maktab **jawazaat — imigration
office** (imi'greeshan ofis)

**jaz — diesel** ('diizel)

**jaz abiyad — kerosene,
pariffin** ('kerasiin, 'pærafin)

**jeba — pocket** ('poket)

**jeba-jeba — egret** ('iigret)

**jebel** ... ma kebiir kalis — **hill**
(hil)

**jebel** ... kebiir — **mountain**
('maunten)

**jed — serious** ('siirias)

**jeda — throw, threw** (throo,
thruu)

**jeda sambala — scatter** ('skæta)

**jeda tiraab** ... awa bizra fi
mazra — **sow** (soo)

**jedidu — renew** (ri'nyuu)

**jediid — new** (nyuu)

**jelda** ... dag ta sot — **strokes**
(strooks)

**jelda** ... ta jilid — **whip** (wip)

**jeledu — flog, lash, whip** (flog,
'læsh, whip)

**jeli — miss** (mis)

**jena (iyaal) — baby, child**
('beebi, chaild)

**jena haraami — bastard,
illegitimate child**
('baasta:d,
ili'jitimat chaild)

**jenaaha (jenahiin) — wing**
(wing)

**jenaiya — offence** (o'fens)

**jenen** ... tala mojnuun — **go
mad** (go mæd)

**jenen** ... kutu zol mojnuun —
**make mad** (meek mæd)

**jengali — leprosy** ('leprasi)

**jengali** ... zol al endu ayaan de
— **leper** ('lepa)

**jenid — recruit** (ri'kruut)

**jenzaviil — ginger** (jinja)

**jeraad — locust** ('lookast)

**jerdal — bucket** ('baket)

**jere — run, ran** (ran, ræn)

**jere wara — chase** (chees)

116

jeres — **bell** (bel)

**jeribu — attempt, test, try**
(a'tempt, test, trai)

**jeribu** ... maa kasma — **taste**
(teest)

**jeriima — crime, offence** (kraim,
o'fens)

**jesh —** **army** ('aami)

**jeziira (juzuur) — island**
(ayland)

**jiaan —** **hungry** ('hanggri)

**jibaana — local customs dues**
('lookal kastoms dyuuz)

**jibna — cheese** (chiiz)

**jibu — bring, brought, fetch**
(bring, bro:t, fech)

**jibu** ... tala min shugul —
**yield** (yiild) e.g. my farm
yielded three sacks of
groundnuts (mai faam
'yiilded      thrii saks ov
'graundnats) mazra bitai
jibu talaata shuwaal ta ful

**jidaada — chicken** ('chiken)

**jidaada wadi — guinea fowl**
('gini faul)

**jiden — very** ('veri)

**jihaaz — apparatus** (æpa 'reetas)

**jihaaz** ... ta kahraba —
**electrical appliance**
(e'lektrikal a'plaiyans)

**jihaaz irsaal** ... ta radiyoo —
**transmitter** (træns'mita)

**jilid — skin** (skin)

**jilid** ... ta bagara — **leather**
('ledha)

**jin — madness** ('mædnes)

**jin** ... ze zal — **temper** ('tempa)

**jinaa-i — criminal** ('kriminal)

**jinaaza — corpse** (ko:ps)

**jineena — garden** ('gaaden)

**jinisiiya — nationality**
**certificate** (næsha'næliti
sa:'tifikat)

**jins — nationality**
(næsha'næliti)

**jir** ... kan lisa fi turaab —
**limestone** ('laimstoon)

**jir** ... kan ze boya —
**whitewash** ('waitwosh)

**jiraan — neighbour** ('neeba)

**jirah** ... diktowr ta amaliiya —
**surgeon** ('sarjan)

**jirjir — watercress** (wota'kres)

**jisalaan — wallet, purse** ('wolet,
pa:s)

**jiyd — grandfather**
('grændfaadha)

**jiyolojiiya — geology** (jiy'oloji)

**jizma — shoe** (shuu)

**jizma** ... shabat — **sandal**
('sændal)

**jizma** ... magfuul wa tagiil —
**boot** (buut)

**jogoot — thin** (thin)

**jok-jok — possession**
(po'zeshan)

jondis — jaundice ('jo:ndis)

jow — weather ('wedha)

jowzu — marry (mæri)

joynt ... ta bul ta walidu — condom ('kondom)

joynt ... ta ida — plastic glove (plastik glav)

joz — pair ('peeya)

jugrafiiya — geography (jiy'ogrfi)

jumhuriiya — republic (re'pablik)

jumla ... ta kalaam — sentence (sentens)

jumla ... ta hisaab — sum (sam)

abu juraab — uncircumcised (an'sa,kamsaizd)

juru — pull (pal)

juru ... maa kasma — suck (sak)

juru ... ze gumaash bi-juru moya — absorb ('abzo:b)

juru ... sigaara awa kodos — smoke (smook)

juru ... haja ze benziin maa kasma — syphon ('saifon)

juru maa gowa — drag (dræg)

juwa — inside, into ('in'said, intu)

juwa ... beyt — house (baus)

juwa hosh — courtyard (ko:t'yaad)

juwaani — inner tube ('ina tyub)

juwaava — guava (gwaava)

# K k

kaatib — clerk (klaak)

kaab — bad, horrible (bæd, 'horibal)

kabaasa — trick (trik)

kabak — plimsal ('plimsal)

kabar — message ('mesej)

kabara — information, news (info:'meeshon, nyuuz)

kabas — trick (trik)

kabasee — trickster ('triksta)

kabasu — deceive (di'siiv)

kabasusa — trickster ('triksta)

kabis — flatulent ('flætyulent)

kabriit — match (mæch)

gesh ta kabriit — matchstick ('mæchstik)

kabsuul — capsule ('kæpsyul)

kabuur — cotter pin ('kota pin)

kabuut — coat, overcoat (koot, 'oovakoot)

kadaab — liar ('laiya)

kadam — servant ('sa:vant)

kadiis (kadais) — cat (kæt)

kadruuk — pig (pig)

kaf — palm (paam)

kaf ... al zol bi-libis — glove (glav)

kafa — hem (hem)

kafaara — sorry ('sori)

kafateera ... ta tarabeeza — tea pot (tii pot)

kafiif — light (lait)

kafir (kafruun) — pagan, heathen ('peegan, 'hiidhen)

kafu — fear, be afraid (fiiya, bi a'freed)

kafuuta — foam, froth (foom, froth)

kahav — cave (keev)

kahraba — electricity(elek'trisiti)

kain — cruel, unkind ('kruwal, an'kaind)

kajil — shy (shai)

kak — cake (keek)

kaki — khaki (' kaaki)

kal — uncle (ankl)

kala — jump, start (jamp, staat)

kalaam — what is said, something to say (wot iz sed, sam thing tu see)

kalaam ... mushkila — problem ('problem)

kalaam farig — nonsense ('nonsens)

kalaam beliid — folly ('foli)

kalaas — finished ('finishd)

kalasu — end , finish (end, 'finish)

kalasu ... amilu kulu — complete (kom'pliit)

kalifu — disobey (diso'bee)

kalifu ... fi munagisha — contradict (kontra'dikt)

kalis — very ('veri)

kalti — aunt (aant)

kaluun — lock (lok)

kalwa — muslim school ('maslim skuul)

kam de ... awz jawaab maa nimra beg — how many (hau meni) e.g. how many plates do you want? how many people are there? (hau meni pleets du yu want?hau meni piipal aa dheya) ita der kam sahan?fi kam nas?

kam ... de awz jawaab maa wozin, tul awa haja kida, nimra barau ma bi-amfa — how much (hauw mach) e.g. how much flour do you want? I want a kilo (hauw mach flauwa du yu wont? ai want a kiilo) ita deer kam dagiig? ana awz kiylu

bi kam, maa kam — how much (hau mach) e.g. how much is that? It is six pounds. (hau mach iz dhat? it iz six paunds) de bi kam? de sita jinee

kam mara — how often (hau 'often)

119

**kamaan** — also, as well ('o:lsoo, æz'wel)

**kamaasha** — pincers ('pinsa:z)

**kamara** ... ta sura — camera ('kæmara)

**kamara** ... ta fustaan — waistband ('weestbænd)

**kamiin** — ambush ('æmbush)

**kamiina** ... ta jesh — cordon ('ko:dan)

**kamiina** ... ta faham — kiln (kiln)

**kamiira** — yeast (yiist)

**kamil** — complete (kom'pliit)

**kamiru** — faint, be unconcious (feent, bi an'konshas)

**kamsaari** — conductor (kon'dakta)

**kamuus** — dictionary ('dikshonari)

**kan** — if (if) e.g. he will do it if I do (hi wil du it if ai du) huwa bi-amilu kan ana amilu

**kan** — whether, if ('wedha, if) e.g.do you know whether he came today? (du yu noo 'wedha hi keem tu'dee) ita arif kan huwa ja aleela

**kanaa** — canal (ka'næl)

**kanaba** — bench (bench)

**kanaba** ... maa dahar wa makadaat — sofa ('soofa)

**kanafiiya** — tap (tæp)

**kanggo** — strangle (strængl)

**kanggo** ... maa habil — hang (hæng)

**kanggo** ... kutu zol ma agder abla — choke (chook)

**kanuun** — stove, brazier (stoov, 'breeziya)

**kapkap** — steps (steps)

**kara** — excrement, faeces, shit ('ekskrament, fiisiiz, shit)

**kara** ... isim bito fi ayaada — stool (stuul)

**kara** ... ta hayawanaat — dung (dang)

**karaama** — feast ('fiist)

**karaangga** — dry season (drai 'siizan)

**karaas** — exercise book ('eksasaiz buk)

**karabaan** — damaged, destroyed ('dæmejd, di'stroyed)

**karabu** — destroy, spoil, damage (di'stroy, spoyl, 'dæmej)

**karabu** ... daya haja — squander ('skwonda)

**karabu guruush** — spend (spend)

**karahiiya** — aversion (a'va:shan)

**karaj** — graduate ('grædyueet)

**karasona** — gravel ('grævel)

**karatu** — skim (skim)

**karaveeta** — tie (tai)

kariif — rainy season (reeni siizon)

kariij (karijiin) — graduate ('grædyuat)

kariim — generous ('jeneras)

kariita ... ta beled — map (mæp)

kariita ... ta buna, handasa wa hajaat kida — plan (plæn)

karit (kuruut) — card (kaad)

karkaar — lotion ('looshon)

karoosa — matchbox ('mæchboks)

kartuush ... ta moya — hose (hooz)

kartuush ... silaa — shotgun (shotgan)

kartuush ... ta blastiik — tube (tyuub)

karuuf (korfaan) — sheep (shiip)

kas — glass (glaas)

kasaara — loss, waste (los, weest)

kasaru — break, broke (breek, brook)

kasaru ... falaata — demolish (di'molish)

kasaru ... shegigu — fracture (frækcha)

kasaru-kasaru — smash ('smæsh)

kasatan — especially (e'speshali)

kash — cash (kæsh)

kashab — wood (wud)

kashab ... ta naar — log (log)

kashab ... ta beet awa hosh — pole, post (pool, poost)

kashab ... ta ida awa now kafiif ta nar — stick (stik)

kashifu — examine (eg'zæmin)

kasiil — washing ('woshing)

kasilu — wash (wosh)

kaslaan — idle, lazy (aidl, 'leezi)

kasma — mouth (mauth)

kasma ... ta galaam awa haja kida — point, tip (poynt, tip)

kastar — custard ('kasta:d)

kasteena — cards (kaadz)

kat — line (lain)

kat ... nizaam ta kitaaba — writing ('raiting)

kataf — grab (græb)

katalog — catelogue ('kætalog)

katalu — kill (kil)

katalu ... maa dur — murder (ma:da)

katar — danger ('deenja)

katembuur — waterbuck ('wo:tabak)

kati — cover ('kava)

katibu — write (rait)

katiib — fiancee (fiy'ansee)

katiiya — sin (sin)

katim — ring (ring)

katis — sink (sink)

katit — plan (plæn)

katuul — murder ('ma:da)

kau-kau — chocolate ('choklat)

kawaaf — coward, timid person ('kauwa:d, 'timid pa:son)

kawaaja — white person (wait person)

kawaaja ... zol min uruuba — European (yuro'piiyan)

kawaayid — grammar ('græma)

kawel — homosexual (hooma'seksyual)

kayil — imagine (i'mæjin)

kazaaka — skirt (ska:t)

kazaan — reservoir ('reza:vwaa)

kazana ... ta guruush — safe (seef)

kazana ... ta moya — dam (dæm)

kazana ... ta silaa — magazine (mæga'ziin)

kazana ... ta makana kiyaata — bobbin ('bobin)

kazarown — pan, pot, saucepan (pæn, pot, 'so:span)

kazbaar — coriander (kori'ænda)

kazinu — store (sto:)

kebiir — big, great, large (big, greet, laaj)

kebiir ... futu shab fi umur — adult ('ædalt)

kebiir min ... fi umr — senior to ('siiniya tu)

kef — how (hau)

keli — allow (a'lau)

keli balak — look out (luk 'aut)

kelib (klab) — dog (dog)

kelim — say, said, speak, spoke, talk (see, sed, spiik, spook, to:k)

kelma (kelimaat) — word (wa:d)

kemiya — chemistry (kemistri)

keniisa — church (cha:ch)

kenyemowr — sesame beer ('sesami 'biiya)

ker — luck (lak)

kerasaana — concrete ('konkriit)

keriru — repeat (ri'piit)

keshkesh — pleats (pliits)

ket — thread (thred)

abu ket — spider ('spaida)

ketiir — many, much, a lot ('meni, mach, a lot)

keyma — tent (tent)

keymuut — groundnut paste ('graundnat peest)

keynii — co-wife (koo waif)

keytu — sew (soo)

amilu ki-ki — squeak (skwiik)

kibda — liver ('liva)

kibra ... arif min badri—
**experience** (ek'spiirens)

kibra ... ta ashjaar — **forest**
('forest)

kibraan — **forest** ('forest)

kida — **so** (soo)

kidamaat — **services** ('sa:visiz)

kide — **please** (pliiz)

kidib — **lie** (lai)

kifaiya — **enough, sufficient**
('enaf, sa'fishent)

kilkili — **tickle** (tikl)

kilwa — **kidney** ('kidni)

kirsha— **stomach, belly**
('stamak, 'beli)

kirsha ... kebiir — **pot belly**
(pot-beli)

kishif — **list** (list)

kishin — **rough** (raf)

kitaab (kutub) — **book** (buk)

Kitaab al Mukadas — **Bible**
('baibal)

kitaaba — **writing** ('raiting)

kitfa — **shoulder** ('shoolda)

kitim — **stamp** (stæmp)

kitim ... al g-istaamil shamaa
— **seal** (siil)

kitimu, dugu **maa kitim** —
**stamp** (stæmp)

kiyaal — **imagination**
(imæji'neeshon)

kiyaata — **stitch** (stich)

makana **kiyaata —sewing
machine** ('soowing mashiin)

kiys — **bag** (bæg)

kiys naiylon — **plastic bag**
(plæstik bag)

kiys ta jena — **afterbirth,
placenta** ('aaftaba:th,
pla'senta)

klach — **clutch** (kach)

ko-ko — **bogey** ('boogi)

ko-kora — **redivision**
(riidi'vizhan)

koba — **persons married to the
same family**

kobs — **plug** (plag)

kodos — **pipe** (paip)

kolera — **cholera** ('kolera)

kolo — **loose morally** (luus
morali)

kolosh — **dress** (dres)

kom — **heap, mound, pile** (hiip,
maund, pail)

komi — **national** ('næshanal)

kongos — **cling** (kling)

kongos wara zol — **cling to a
person** (kling tu a pa:son)

kontak — **wink** (wink)

konyaak — **brandy** ('brændi)

kor — **watercourse** ('wo:tako:s)

kor ... ma taraf aali — **gully**
(gali)

kora — **bowl** (bool)

korbaaba — wrap (ræp)

kore — cry (krai)

kore ... maa sot kebiir — shout (shaut)

kore ... maa moya ena — weep (wiip)

kore ... maa sot tihit ze min woja — moan (moon)

koreek — shovel, spade ('shavel, speed)

korekore — quarrel ('kworal)

korekore ... — blame (bleem)

koreraak — argument, shouting (aagyument, 'shauting)

kormos — crumple, wrinkle ('krampal, 'rinkal)

kormos ... haja gowi ze hadiid — dent (dent)

korofa — leaf (liif)

korokoon — sentry post ('sentri post)

kors — course (ko:s)

kos ... ta kitaaba — brackets ('brækets)

kos-kuza — rainbow (reenboo)

koshkosh — dice (dais)

koskos — rinse the mouth (rins dha mouth)

kota — plan (plæn)

kotkot — whooping cough ('huuping kof)

kowf — fear ('fiiya)

kowf ... kutu zol kafu — scare (' skeeya)

kowka — snail (sneel)

koz — mug (mag)

kubaiya — cup (kap)

kubaiya ... ta zijaaja — glass (glaas)

kubri (kabaari) — bridge (brij)

kubsha — ladle ('leedal)

kubu — pour (po:)

kubu ... dofagu — spill (spil)

kudrawaat — vegetables ('vejtabalz)

kuka — testicles ('testikalz)

kukaluu — parrot ('pærot)

kula — jug, pitcher (jag, 'picha)

kuliiya — college ('kolej)

kulu — all, the whole (o:l, dha hool) e.g. I will sit here all day. Eat the whole fish (ai wil sit hiiya o:l dee. iit dha hool fish) Ana bi-geni hini yom kulu akulu samak kulu

kulu — every ('evri) e.g. I sit here every day - ai sit hiiya 'evri dee ana gi-geni hini kulu yom

kulu — itniin both (booth)

kulu-kulu — never ('neva) e.g. I never want to see that person (ai neva wont tu sii dhat pa:san) Ana ma der ainu zol de kulu-kulu

ta kulu kulu — for ever (fo: 'eva)

kulu wahid — each (iich)

kulu yom — always ('o:lweez)

124

**kulu yom** — **daily** (deeli)

**kuluub** — **restaurant** ('restorant)

**kum** — **sleeve** (sliiv)

**kunus** — **sweep** (swiip)

**kura** — **ball** (bo:l)

**kura gadam** — **football** ('futbo:l)

**kuraa (kureen)** — **leg** (leg)

**kuraa** ... akir bita kuraa — **foot** (fut)

abu **kuraa** — **crippled, lame** ('kripald, leem)

**kurbai** — **cane** (keen)

**kurbai** ... ta jilid — **whip** (wip)

**kurnuk** — **hut** (hat)

**kursi (karaasi)** — **chair** (cheeya)

**kuruum** — **cabbage** ('kæbij)

**kuruju** — **dig** (dig)

**kurum** — **hole, puncture** (hool, 'pankcha)

**kus** — **vagina** (va:'jaina)

**kush** — **come in, enter** (kam 'in, 'enta)

**kusha** — **garbage dump, rubbish dump** ('gaabaj damp, 'rabish damp)

**kusha** — **rubbish dump** ('rabish damp)

**kuta** — **lid** (lid)

**kuta** ... ta kizaaza — **bottle top** ('botal top)

**kutba** — **speech** (spiich)

**kutu** — **put** (put)

**kwata** — **wrestling** ('resling)

**kweys** — **good, well** (gud, wel)

al **kweys** — **best** (best)

# L l

**la** — **no** (noo)

**la-ama** — **practical joke** ('prætikal jock)

**la-markaziiya** — **decentralisation** (dii'sentralai'zeeshon)

**laaba** — **toy** (toy)

**laboro** — **banana** (ba'naana)

**lafa** — **turn** (ta:n)

**lafraata** — **stirrer** ('sta:ra)

**lafreega** — **stirrer** ('sta:ra)

**lagab** — **nickname** ('nikneem)

**lahab** — **flame** (fleem)

**laham** — **meat** (miit)

**laham bagara** — **beef** (biif)

125

**laham kadruuk** — **pork** (po:k)

**laham karuuf** — **mutton** ('matan)

**laham ta gaba** — **game meat** (geem miit)

**laham ta gisim** — **flesh**

**lahamu** — **solder, weld** ('solda, weld)

**lahiz** ... maa muk — **consider** (kon'sida)

**lahiz** ... maa ena — **observe** (ob'za:v)

**laji (laja-iin, nas refyujii)** — **rejugee** (refyuujii)

**lajuuma** — **greedy** ('griidi)

**lakaam (lakamiin)** — **traitor** ('treeta)

**lakaam** — **untrustworthy person** (an'traswa:thi pa:son)

**lakbat** — **mix** (miks)

**lakbat** ... kutu haja ma ruwa adiil — **confuse** (kon' fyuuz)

**lakbata** — **confusion** (kon'fyuuzhon)

**lakiin** — **but** (bat)

**lama** — **shine, shone, glow,** be **bright** (shain, shon, gloo, bi brait)

**lamba** — **lamp** (læmp)

**lamba** ... tawiil ta kahraba — **fluorescent tube** ( flu'resent tyub)

**lamba** ... golong-golong ta kahraba — **light bulb** (lait balb)

**langga** — **wander** ('wonda)

**langgaaba** — **wanderer** ('wandara)

**lastik** — **elastic** (e'lastik)

**lastik** ...ta arabiiya — **tyre** ('taiya)

**layuuk** — **slippery** (slipari)

**lazga** — **tape** (teep)

**lazga** ... ta dabara — **plaster** ('plaasta)

**lazim** — **must** (mast)

**le** — **to, for, till** (tu, fo:, til)

**le-aano** — **because** (bi'koz)

**leben** — **milk** (milk)

**lebeni** — light **blue** (lait bluu)

**legetu** — **pick** (pik)

**lehaadi** — **till** (til)

**lejina** — **committee** (ko'mitii)

**lemes** — **touch** (tach)

**lemuun** — **lime** (laim)

**lemuun mor** — **lemon** ('leman)

**lesegu** — **stick, stuck** (stik, stak)

**ley** — **why** (wai)

**leybar** — **lever** ('liiva)

**leyiim** — **practical joker** ('præktikal 'jooka)

**leymu** — **lead on, play a joke on** (liid on, plee a jook on)

**leyn** ... maa moya — **wet** (wet)

**leyn** ... maa moya besiit — **damp, moist** (dæmp, moyst)

126

**leyn** ... ma kishin — **smooth** (smuudh)

**leyn** ... ma gowi — **soft** (soft)

**leysu** — **plaster smear** ('plaasta, 'smiiya)

**leziiz** — **delicious** (de'lishas)

**libaas** — **pants** (pænts)

**libis** — **dress put on, wear** (dres, put on, 'weya)

**lifa** — **wash cloth** (wosh kloth)

**lifu** — **turn** (ta:n)

**lifu** ... lifu maraat ketiir — **wind, wound** (waind, waund)

**lifu** ... haja ze birish kan istaamil kalaas — **roll up** (rool 'ap)

**lifu** ... langga — **wander** ('wonda)

**lifu** ... kati maa gumaash — **wrap** (ræp)

**ligu** — **find, found, discover** (faind, faund, di'skava)

**lihaam** — **welding** ('welding)

**lihaam** ... ta silik — **solder** ('solda)

makana **lihaam** — **welding machine** ('welding 'mashiin)

**liju** — **push** (push)

**limu** — **collect, gather, meet** (ko'lekt, 'gædha, miit)

**lisa** — **not yet, still** (not yet, stil) eg.: I haven't written yet I am still writing (ai 'hævent 'riten yet, ai æm stil 'raiting)

Ana lisa ma katib, ana lisa gi-katibu

**lisaan** — **tongue** (tang)

**lista** — **list** (list)

**lita** — **litre** ('liita)

**liyaaga** — **collar** ('kola)

**liyb** — **game, play** (geem, plee)

**liyb** ... maa musika — **dance** (daans)

**loguuno** — **vulture** ('valcha)

**logwodi** — **cow peas** (kau piiz)

**loho** — **board, plank** (bo:d, plænk)

**loho** ... ta filiz ze zinki — **sheet** (shiit)

**lokaanda** — **hotel** (hoo'tel)

**lokaanda** ... al endu mahaal ta num bes — **hostel** ('hostel)

**lokonggoro** — **knuckle** ('nakal)

**lolab** — **coil** (koyl)

**lolo** — **zigzag** (zigzæg)

**lon** — **colour** (kala)

**lori (lowaari)** — **lorry** ('lori)

**lowzaat** ... al bi-gum maa nazla — **glands** (glændz)

**lowzaat** ... al fi dahar ta kasma — **tonsils** ('tonsilz)

**lu-uba** — **doll** (dol)

**lubaan** — **chewing gum** (chuwing gam)

zol ta **lubat** — **unreliable person** (anri'laiyabal 'pa:son)

127

**lubiya** — **black eyed peas** (blak aid piiz)

**luga** — **language** ('læŋgwij)

**lugaara** — **dance** (daans)

**lukaruuti** — raw **recruit** (ro: ri'kruut)

**luku** — **throw, threw** (throo, thruu) e.g. I threw a chair at that man (ai thru a cheeya at dhæt mæn) Ana luku rajil de maa kursi

**luti** — **barren or sterile person** ('bæren o; 'sterail 'pa':son)

**ma** — **not** (not)

**ma-ash** — **retired** (ri'taiyad)

**ma-ash ... ze mahiiya** — **pension** ('penshan)

**maa** — **by, with** (bai, widh)

**maaduum** — **absent, unavailable** ('absent, ana'veelabl)

**maajuun** — **tooth paste** (tuuth peest)

**maamaa** — **mummy** ('mami)

**maamal** — **laboratory** (la'boratori)

**maaruuf ...** **ze musayida** — **kindness** ('kaindnes)

amilu **maarfuuf** — **do a favour** (du a feeva)

**maaruuf ...** al nas ketiir arif — **well known** (wel noon)

**maawij** — **crooked** ('kruked)

**mabrad** — **file** (fail)

**mabruuk** — **congratulations** (kon-gratyuleeshons)

**mabsuut** — **glad, happy, satisfied** (glæd, hæpi, 'sætisfaid)

**mada** — **sign** (sain)

**madaga** — **pestle** ('pesal)

**madauwar** — **circular, round** ('sa:kyula, raund)

**madiida** — **porridge** (' porij)

**madiiya** — **ferry** (' feri)

**madmad** — **rince the mouth** (rins dha mouth)

**madraasa** — **school** (Skuul)

**madraasa ibtida-iiya** — primary **school** (praimari skuul)

**madraasi mutawassit** — intermediate **school** (inta' miidyat skuul)

**madraasa senawiiya** — **secondary school** ('sekondri skul)

**madraba** — **racket** ('ræket)

**mafi** — **no** (noo) e.g. there is no bread (dheer iz noo bred) esh mafi

mafi haja — **nothing** (' nathing)

mafi zol — **nobody** ('noobodi)

mafraash (mafaarish) — **linen** ('linen)

maftuuh — **open** ('oopen)

mafuuk — **swollen, inflated** ('swoolen, in'fleeted)

magaabir — **cemetery, graveyard** ('semetri, 'greevyaad)

magaas … al ita aburu maa mitir — **measurement, size** ('meezhament, saiz)

magaas …. al bi-gata hajaat — **scissors** ('sizo:z)

abu **magaas** — **crab** (kræb))

magduud — **leaking** ('liiking)

mageendu — **smuggling** ('smagling)

magfuul — **closed** (kloozd)

magfuul … maa gifil awa haja zede — **locked** (lokd)

magluub … wara le gidaam— **back to front** (bæk tu frant)

maglub … fok le tihit — **upside down** ('upsaid daun)

magsuut — **glad, happy, satisfied** (glæd, 'hæpi, 'sætisfaid)

mahaal — **place, room** (plees, ruum)

mahaal hamaam — **bathing place** ('beething plees)

mahaata … ta bas — **bus park** (bas park)

mahaata … ta loraawi — **lorry park** (lori 'paak)

mahbuub — **favourite** ('feevarit)

mahiiya — **pay** (pee)

mahiiya … al bi-ja kulu shahar — **salary** ('sælari)

mahiiya … al bi-ja kulu usbo — **wages** ('weejiz)

maida — **stomach** ('stamak)

maikrafoon … ta ida — **megaphone** ('megafoon)

maikrafoon … al bi-tala sot masalan ta istiirioo — **loud speaker** (laud' spiika)

maikrofoon … al bi-amsuku sot — **microphone** (maikro'foon)

maikroskoob — **microscope** (maikro'skoop)

majaani — **free** (frii)

majlis — **council** ('kaunsil)

makaada … ta kursi — **cushion** ('kushon)

makaada … ta seriir — **pillow** ('piloo)

makaaku — **monkey** ('manki)

makama — **court** (ko:t)

makana — **machine, motor, gadget** (ma'shiin, 'moota, 'gajet)

makana … ta arabiiya awa gatar — **engine** ('enjin)

129

makaniiki — mechanic (ma'kænik)

makaroon — macaroni (mæka'rooni)

makazinji — storekeeper ('sto:kiipa)

maksab — profit ('profit)

maksuur — broken ('brooken)

maksuus — special ('speshal)

maktab — office ('ofis)

maktaba ... al bi-byu bara kutub — bookshop ('bukshop)

maktaba ... mahaal ta giraiya — library ('laibrari)

maktuub — written ('riten)

makwa — iron ('aiyan)

makzan — store (sto:)

mal — dowry ('dauri)

mala — fill (fil)

mala ... mala saa — wind, wound (waind, waund)

malaabis — clothes (kloodhz)

malaga — spoon (spuun)

malaika — angel ('eenjel)

malauwan — coloured ('kala:d)

maleeriya — malaria (ma'leriya)

maleesh — never mind ('neva maind)

maliiya — finance (fai'nans)

maliyaan — full (ful)

malo — what is the matter (wot iz dha mæta)

malodoo — hoe (hoo)

maloolo — zigzag (zigzæg)

mamnuu — forbidden, prohibited (fo:'biden, proo'hibitid)

mamudiiya — baptism ('bæptism)

mana — meaning, sense ('miining, sens)

mana-u — forbid, ban, prohibit (fo:'bid, bæn, proo'hibit)

mandiil — cover, napkin ('kava, 'næpkin)

mandiil ... ta jeba — handkerchief ('hænkachiif)

mangga — mango ('mænggo)

mangguul — transferred ('trænsfa:d)

mangguul ... amilu sura — copied ('kopiid)

manikiir — nail polish (neel polish)

mantiga — area ('eeriya)

manzar — view, sight (vyuu, sait)

mara (niswaan) — lady, woman, women (leedi, 'wuman, 'wimen)

mara ... muzowij — wife (waif)

mara ... ta zaman (maraat) — time (taim)

**mara wahid — once** (wans)

**maraara — stomach** ('stamak)

**maraat ketiir** ... badi maraat — **often, frequently** ('often, 'friikwentli)

**marateen — twice, double** (twais, 'dabal)

**marazaba — sledge hammer** (sledj 'hæma)

**marbuut — tied** (taid)

**mardanuum — sleeping sickness** ('sliiping 'siknes)

**markaz — centre** (senta)

**martaba — matress** ('mætres)

**maruur — patrol** (pa'trool)

waraga **maruur — travel permit** ('trævel 'pa:mit)

**maruuwa — hot millet beer** (hot 'milit 'biiya)

**masa** ... haja ze dihaan — **rub in** (rab in)

**masa** ... ashan bi-nadifu — **wipe** (waip)

**masa** ... ashan bi-lama — **polish** ('polish)

**masa bara — delete, erase, rub out** (de'liit, e'reez, rab aut)

**masaa — eraser, rubber** (e'reesa, 'raba)

**masaah — area** ('eeriya)

**masalan — for example** (fo: eg'zaampl)

**masariif — housekeeping money** ('hauskiiping mani)

**maseedez — pistol, revolver** ('pistal, re'volva)

**maseet — panga** ('pængga)

**mashaama — canvas** ('kænvas)

**mashduud — tight** (tait)

**mashguul — busy** (bizi)

**mashi — go, went** (goo, went)

**mashi bi kuraa — walk** (wo:k)

**mashi wara — follow** ('foloo)

**mashraha — mortuary** ('mo:tyuri)

**mashruu — project** ('projekt)

**mashruut — torn** (to:n)

**masjuun — prisoner** ('prizana)

**masna (masaani) — industry** ('indastri)

**Masr — Egypt** ('iijipt)

**Masri — Egyptian** ('iijipshon)

**mastaba — platform** (plætfo:m)

**mastara — ruler** ('ruula)

**mastuul — hopelessly drunk** ('hooplesli drank)

**masuura — pipe, tube** (paip, tyuub)

**masuura** ... kanafiiya — **tap** (tæp)

**matam — restaurant** ('restorant)

**matar — rain** (reen)

**matbak — kitchen** ('kichen)

**mawluud — was born** (woz bo:n)

131

mayal — mile ('mayal)

mazbuut — correct (ko'rekt)

mazra — farm (faam)

mazra ... sugeer — smallholding (smo:l'hoolding)

mbiro — palm oil tree (paam oyl trii)

mediina — town (tauwn)

mediina ... kebiir kalis — city ('siti)

melaan — bent (bent)

melaki — civil ('sivil)

melik — king (king)

melika — queen (kwiin)

melisu — slip (slip)

melu — bend, bent (bend, bent)

meni — sperm (spa:m)

menjel — sickle ('sikal)

meriisa — alcohol, beer ('ælka'hol, 'biiya)

meriisa abiyad — dura beer (dura 'biiya)

meriyala — apron ('eepran)

Mesiihi (Mesihiin) — Christian ('kristian)

mesil ... jibu harakaat ta zol tani — mimic ('mimik)

mesil ... amilu haja ma nasiiya — pretend (pre'tend)

mesto — plait (plæt)

meyt — corpse (ko:ps) meyt

(meytiin) — dead person (ded 'pa:son)

meyta — free (frii)

mida — pus (pas)

midaan — square ('skweya)

midaan kura — football pitch ('futbo:l pitch)

midu ... jibu geriib — bring near (bring niiya)

midu ... maa ida — point at (poynt æt)

milaiya — sheet (shiit)

mile — salt (solt)

min — from (from) e.g. I bought this from Juma came from Yei (ai bo: t dhis from Juma, ai keem from Yei)ana byu de min Juma, ana ja min Yei

min ... mustaamil maa kalaam ta zaman — since (sins) e.g. I haven't seen Juma since last year (ai 'hævent siin Juma sins laast yiiya) ana ma ainu Juma min sena al fat

min — than (dhæn) e.g. Juma is bigger than Soka (Juma iz 'biga dhæn Soka) Juma akbar min Soka

minaa — port (po:t)

minkaar — beak (biik)

minuu — who (hu)

miraiya .... al bi-worii ita nefsa taki — mirror ('mira)

miraiya ... shubaak ta arabiiya — windscreen ( 'windskriin)

132

misa — evening ('iivning)

misaaha — survey ('sa:vee)

misaal — example (eg'zaampl)

mishon — mission ('mishan)

miskiin ...  gi-geni biraa — calm (kaam)

miskiin ...  ma ta dala — humble ('hambal)

miskiin ...  haznaan — miserable ('mizrabal)

miskiin ...  ma endu guruush — poor, needy (pur, 'niidi)

miskiin ...  maa kalaam shweya — quiet ('kwaiyet)

miteen — when (wen)

mitir — tape measure (teep' mezha)

mizaan — balance, scales, weighing machine(bælans, skeels, weeying ma'shiin)

mizaan haraara — thermometer (tha'mometa)

mizaan moya — spirit level ('spirit 'leval)

mizaniiya — budget (' badget)

mobaahis — detective (dl'tektiv)

mobuus (mobusiin) — prisoner (' prizana )

modfa rashash — machine gun (ma'shiin gan)

modis — sanitary towel ('sæniteri 'tauwal)

mojara — ditch (dich)

mojara ... ta shari zelet — gutter ('gata)

mojbuur — compulsory (kom'palsori)

mojnuun — mad, crazy, lunatic (mæd, 'kreezi, 'luunatik)

mojuud — present, available ('prezent, a'veelabl)

mor — bitter ('bita)

morfai-i — rake (reek)

morfayiin — hyena (hay'iina)

morgoot — bed bug (bed bag)

morhuum — the deceased (dha di'siisd)

mortaa — comfortable ('kamfo:tabal)

morwa — fan (fæn)

mosruur — glad (glæd)

motor — motorbike ('mootabaik)

moya — water ('wo:ta)

moya ena — tear ('tiiya) e.g. he shed tears (hii shed tiiyaz) moya ena to kubu

moyiid — appointment (a'poyntment)

fi moyiid — on time (taim)

muadab — disciplined, polite ('disiplind, po'lait)

muafin — smelly ('smeli)

muamara — conspiracy (kon'spirisi)

133

**muamidaan — baptizer** ('bæptaiza)

**muaraj — zigzag** (zigzæg)

**mubara — match** (mæch)

**muberjil ...** ma munazim — **messy** (mesi)

**muda — time, period** (taim, 'piiriyad)

**mudabir — manager** ('mæneja)

**mudala — pompous** ('pompos)

**mudariiya — province** (provins)

**muderis (muderisiin) — teacher, school master** ('tiicha, skuul 'maasta)

**muderisa — teacher, school mistress** ('tiicha, 'skuul , 'mistres)

**mudfaa-iya — artillery** (aa'tilari)

**mudiir — director, manager** (dai'rekto:, 'mæneja)

**muesha — livelihood** ('laivlihud)

**mufaak — screwdriver** ('skrudraiva)

**mufasal — hinge** (hinj)

**musteed — be willing** (bi 'wiling)

**musteeshfa — hospital** 0('hospital)

**musteme — listener** ('lisana)

**musuk — dregs** (dregs)

**musuliiya — responsibility, duty** (ri'sponsi'bi1iti, dyuuti)

**musuul — responsible for, liable** (ri'sponsibl fo:, 'laiyabl)

**muswaak — tooth stick** (tuuth stik)

**mut — death** (deth)

**muta-akid — sure, certain** ('shuuwa, 'sa:ten)

ma **muta-akid — doubtful** ('dautfal)

**muta-akir — late** (leet)

**muta-amr — conspirator** (kon'spireta)

**muta-asif — sorry** ('sori)

**mutaaham — convicted** (kon'vikted)

**mutaala — rise** (raiz)

**mutaamar — conference** ('konferens)

**mutaawin — cooperative** (koo-'oparativ)

**mutagadam — developed** (di'velopd)

**mutaahar — circumcised** ('sa:kamsaizd)

**mutahari — investigator** (in'vestigeeta)

**mutakabir — proud, arrogant** (praud, 'ærogant)

**mutawahish — savage** ('savaj)

**mutawasit — average, medium** ('ævarij, 'miidium)

**muterjim ...** ta wonasa — **interpreter** (in'ta:preta)

**muterjim** ... ta kitaaba — **translator** (træns'leeta)

**mutmeerid (mutmeridiin)**— **rebel** ('rebal)

**mutmeerid (mutmeridiin)** ... al kan fi jesh — **mutineer** ('myuutiniiya)

**mutu** — **die, be dead** (dai, bi ded)

**mutu-keli** — **durable** ('dyurabal)

**mutu-keli** ... now ta jisma — **sandal** ('sændal)

**motu min jiaan** — **starve** (staav)

**muwakat** — **temporary** ('temparari)

**muwasalaat** — **transport** ('trænspo:t)

**muwaskar** — **camp** (kæmp)

**muwaskar** ... mahaal ta jesh — **barracks** ('bæraks)

**muwazif** — **employee** (em'p1oyii)

**muwazif** ... ta hakuuma — **official** (o'fisha1)

**muz** — **banana** (ba'naana)

**muzaharaat** — **demonstration** (demon'streeshon)

**muzaji** — **moody** ('muudi)

**muzekira** — **note** (noot)

**muzika** — **music** ('myuuzik)

**muzluum** — **oppressed** (o'presed)

**muzluum** ... kan zol kabas zol — **be cheated** (bi 'chiited)

**muzowij** — **married** ('mærid)

**na-im** ... ma kishin — **smooth** (smuudh)

**na-im** ... ma gowi — **soft** (soft)

**naadi** — **club** (k1ab)

**naagis** — **incomplete** (in-kom' pliit)

**naam** — **yes** (yes)

**naam** ... kan zol ma asma kalaam — **sorry, pardon** (' sori , 'paadon)

**naam** ... isim ta ter — **ostrich** (' ostrich)

**naanaa** — **mint** (mint)

**naasaan** — **sleepy** ('sliipi)

abu **nabah** — **bushbuck** ('bushbak)

**nabiiz** — **wine** (wain)

**nada** — **dew** (dyuu)

**nadaafa** — **cleaning** ('kliining)

**nadaara** — **glasses, spectacles** ('glaasiz, 'spektiklz)

**nadi** — **call** (ko:l)

**nadifu** — **clean** (kliin)

nadifu ... mahaal ziraa —
weed (wiid)

nadiif — clean (kliin)

nadir — rare (reer)

nafar — person ('pa:son)

nafareen — two people (tu
piipal)

nafas — breath (breth)

nafas ... bara — exhale
(eks'heyl)

nafas ... juwa — inhale
(in'heel)

nafasaa — new mother (nyuu '
madha)

nafasu — breathe (briidh)

nafat — escape, get away with
(e'skeep, get a'wee widh)

naga — drip, trickle (drip, 'trikel)

naga ... mariisa — distil
(dis'til)

naga ... min haja magduud —
leak (liik)

nagaash — painter (' peenta)

nagis ... fi hisabaat — minus,
subtract ( 'mainas, sab'trækt)

nagishu — argue, discuss
(aagyu, di'skas)

nagisu — decrease, deduct,
subtract, reduce (di'kriis,
di'dakt, sab'trækt, ri'dyuus)

nahaar de — today (tu'deey)

nahaar kulu — all day (o:l deey)

nahaat — carver (kaava)

naja — succeed (sak'siid)

naja ... imtihaan — pass (paas)

najaar — carpenter ('kaapenta)

nakal — palm tree (paam trii)

namliiya — mosquito wire
(ma'skiitoo 'waiya)

namnam — spot, pimple (spot,
pimpal)

namusiiya — mosquito net
(mo'skiito net)

namuus — mosquito
(mas'kiitoo)

nanggalu — transfer ('trænsfa)

nanggalu ... amilu sura —
copy (kopi)

nangliiya — transfer ('trænsfa)

nar — fire (faiya)

nas — people ('piipal)

nas kulu — everyone ('evriwan)

nashif — dry (drai)

nashifu — dry, dried (drai,
draid)

nasiib (nisibaat) — in-law ('in-
lo:)

nasiiha — advice (ad'vais)

nasiim — breeze (briiz)

nasiiya — true (truu)

natiija — outcome, result,
consequence ('autkam, ri'zalt,
'konsikwens)

natiija ... ta ayamaat ta sena —
— calendar ('kælenda)

nayib — deputy ('depyuti)

nayim — asleep, sleeping (a'sliip, 'sliiping)

nazimu — tidy ('taidi)

nazimu ... kutu afkaar fi nizaam — plan (plæn)

nazla — cold, flu (koold, fluu)

nebi — prophet ('profet)

nefsa — same, self (seem, self) e.g. this is the same thing, myself, himself (dhis iz dha seem thing, maiself, himself) de nefsa haja, nefsa tai, nefsa to

nefsa wokit — while, the same time (wail, dha seem taim)

negiit — clever (kleva)

negiit ... wa ma dukuri — cunning (kaning)

neks — pants (pænts)

nenziila — slope (sloop)

nenzil — come down, descend, go down (kam 'daun, di'send, goo daun)

nenzil min — dismount from, get off (dis'maunt from, get of)

nenzil min ... juwa arabiiya — get out of (get aut ov)

nenzil ... kutu haja tihit — lower ('loowa)

nenzil falaatah — put down, unload (put daun, an'lood)

nenzil jena — abort (a'bo:t)

ney ... ma yabis awa ma min ilba — fresh (fresh)

ney ... lisa ma rokubu — raw (ro:)

ney ... haja fi jineena lisa ma nigitu — unripe (an'raip)

ngongo — flying termite ('flaiying 'ta:mait)

nibla — catapult, sling shot ('kætapalt, sling shot)

nigitu ... robuku kalaas — cooked (kukd)

nigitu ... fi jineena — ripe (raip)

nihaas — copper (kopa)

nihaiya — end (end)

nijma (nujuum) — star (staa)

nik — make love, have sex (meek 'lav, hæv seks)

nimil — black ant (blak ænt)

nimir — leopard ('lepa:d)

nimra — number ('namba)

nina — we, us (wii, as)

ningning — nag (næg)

nishaab — arrow ('æroo)

nishaanji — marksman ('maaksman)

nisiitu — forget, forget (fo:'get, fa: 'got)

niya — desire (di'zaiya)

niya ... maksuus le akil — appetite ('æpatait)

Niyl — Nile (Nail)

nizaam — arrangement, plan, system (a'reenjment, plæn, 'sistem)

137

amilu **nizaam** — **arrange**
(a'reenj)

bi **nizba le** — **in relation to,
according to** (in releeshon tu,
a'ko:ding tu)

**now** — **kind, type** (kaind, taip)

**nowru** — **slap** (slæp)

**nugat-nugat** — **spotted** ('spoted)

**nukta** — **dot, point,spot** (dot,
point, spot)

**num** — **asleep,slept** (slip, slept)

**num falaatah** — **lie down, lay
down** (lat dawn, lee daun)

**num gafaa** — **lie on the back**
(lai on dha bæk)

**num fi beyd** — **hatch** (hæch)

**nur** — **light** (lait)

**nus** .. ta haja — **half** (haaf)

**nus** .. fi nus ta haja — **middle,
centre** ('midal, 'senta)

**nus-nus** — **average** ('ævarij)

**nutu** — **jump, leap** (jamp, liip)

**nutug** — **accent, pronounciation**
('æksent, pro'naunsi-eeshon)

**nya-nya** — **food** (fuud)

**nyakamo** — **rob** (rob)

**nyakamo biniiya** — **rape**
(reep)

**nyelama** — broken **tooth**
('broken 'tuuth)

**nyirikuuk (iyaal)** — **baby, child**
('beebi, chaild)

**nyongoro** — **shabby** ('shæbi)

**nyoroto** — **ragged** ('ræged)

O  **O o**

**oda** — **room** (ruum)

**oda ta amaliiya** — **operating
theatre** (opa'reeting 'thiiyata)

**omaal** — **worker** ('wa:ka)

**oman** — **them** (dhem)

P  **P p**

**paipai** — **papaiya** (dhem)

**pwete** — **dura beer** (dura biya)

**piripiri** — fresh **chilli** (fresh
'chili)

138

raba .. gum — **grow** (groo)

raba .. iyall — **bring up, rear** (bring ap, 'riiya)

raba .. wodii talimaat — **train** (treen)

**Rabuuna — God** (god)

rad .. kalaam al zol bi-rudu le zol — **reply** (ri'plai)

rad ..sot ta saga — **thunder** ('thanda)

rada — **suck** (sak)

rada .. wodii sudur le — **breast feed** (brest fiid)

radiyoo — **radio** ('reediyoo)

raf — **shelf** (shelf)

rafiiga — **lover** ('lava)

raf-raf — **mudguard** ('madgaad)

ragaabta — **neck** (nek)

ragid — **lie down, lay down** (lai dawn, lee daun)

ragid .. fi musteshfa — **admit** (ad'mit)

raha — **rest** (rest)

raha .. haja barau min shugul — **leisure** ('lezha)

rahaba — **nun** (nan)

rahalo — **move** (muuv)

rahma — **merci** ('ma:si)

raja — **return** (ri'ta:n)

raja ... jibu — **bring back, brought back** (bring bæk, bro:t bæk)

raja ... ja — **come back, came back** (kam bæk,keem bæk)

raja ... wodii — **give back, gave back** (giv bæk,geev bæk)

raja ... ruwa — **go back, went back** (goo bæk,went bæk)

raja wara ... amilu kasaara ... — **make a loss** (meek a los)

raja wara ... min mushaakil — **retreat** (ri'triit)

rajil (rujaal) — **man** (mæn)

rajil ... ta mara — **husband** ('hazband)

rakib (rukaab) — **passenger** ('pæsenja)

rakiif — **bread** (bred)

rakiis — **cheap** (chiip)

rakuuba — **shelter** (shelta)

ramaadi — **grey** (gree)

ras — **head** (hed)

ras ... mahaal fok — **top** (top)

ras ... ta gesh awa hajaat kida — **bale, bundle** (beel, 'bandal)

ras beyt — **roof** (ruuf)

rasaas — **lead** (led)

rashasha — **watering can** ('wo:taring kan)

rasmaal — capital ('kæpital)

rasulu — send, sent (send, sent)

rasuum — fees (fiiz)

ratib — moist (moyst)

ratiina — pressure lamp ('presha læmp)

ratuuba — moisture ('moystya)

ratuuba ... ta gisim al woja — aching of the joints (eeking of dha joynts)

rayis — leader (liida)

rayis ambar — matron ('meetran)

redmiiya — rubble (rabl)

refyujii (laja-iin, nas refyujii) — refugee (refyuujii)

regiif — loaf (loof)

rehim — womb (wuum)

rehim ... kasma ta rehim — uterus ('yuutarus)

rekibu — assemble, fix, put in place (a'sembal, fiks, put in plees)

resaam — painter ('peenta)

resim — drawing, picture, design ('dro:ing, 'pikcha, di'zain)

resim beyaani — graph (graaf)

resimu —draw, drew (dro:, druu)

resmi — official (o'fishal)

resmi ... maa gumaash resmi — uniformed ('yuunifo:md)

resmiyaat — formalities (fo: 'malitiiz)

ribe — profit ('profit)

ridi — shorts (sho:ts)

rigeeg — thin (thin)

rihla — picnic ('piknik)

rimaad — ash (æsh)

rishwa — bribe (braib)

riyaada — exercise ('eksa:saiz)

riyha —smell, aroma, odour (smel, a'rooma, 'coda)

riyha ... giyaafa — perfume, scent ('pa:fyum, sent)

riysha — feather (' fedha)

robutu — tie (tai)

robutu ... wa lifu habil ketiir — bind, bound (baind, baund)

roda — kindergarten ('kindagaaten)

rofadu — dismiss (dis'mis)

rogus — shake (sheek)

roho — soul, spirit (sool, 'spirit)

Roho al Kudus — Holy Spirit (hooli 'spirit)

rokabu — cook (kuk)

rokabu fi furn — bake (beek)

rokun — corner ('ko:na)

roshaal — leaf (liif)

rotaan — language, dialect ('længwij, 'dai-alekt)

rowb — sour milk ('sauwa milk)

140

rubaat — knot (not)

rubaat ... ta dabara —
bandage ('bændij)

lifu rubaat ... ta dabara —
bandage ('bændij)

rudu — accept, agree, consent
(æk'sept, a'grii, kon'sent)

rudu ... jawabu — answer,
reply ('aansa, ri'plai)

ruga — patch (pæch)

ruga-u — promote (pro'moot)

rujaala — roughly (rafli)

bi rujaala — roughly (rafli)

rukba — knee (nii)

dowr bi rukba — crawl (kro:l)

rukba ta ida — elbow ('elboo)

ruksa — licence, permit
('laisans, 'pa:mit)

rumla — sand (sænd)

rus — rice (rais)

rusu — arrange (a'reenj)

rushu ... maa moya — water
('wo:ta)

rutba — level, position ('leval,
po'zishan)

rutba ... ta jesh — rank (rænk)

ruwa — go, went (goo, went)

ruwa wara — follow ('foloo)

# S s     S

sa-uut — chewing tobacco
(' chuuwing to' bakoo)

saa ... gisim ta muda — hour
(auwa)

saa ... ta ida — watch (woch)

saa ... now al ita bi-aligu fi heta
— clock (klok)

saa kam — when, what time is
it (wen, wot taim iz it) e.g.
when will you come? what is
the time now? (wen wil yu
kam? wot taim iz it nau?) ita
bi-ja saa kam? saa kam hasa?

saab — difficult, hard
('difikalt, haad)

saalab — fox (foks)

saar — bewitch (ba'wich)

saar ... ayaan ta kelib mojnuun
— rabies ('reebiiz)

saaraan — rabid ('ræbid)

sabaah — morning (' mo: ning)

sabab (asbaab) — reason, cause
('riizan, ko:z)

sabaga — net (net)

sabak-sabak — race (rees)

sabaluuka — gutter ('gata)

sabi ... as-haab — friend (frend)

sabibu — cause, give rise to
(ko:z, giv rais tu)

sabit — make **firm, strengthen**
(meek 'fa:m, 'strengthen)

sabit ... rekibu gowi kalaas —
**fixed, firm** (fiksd, fa:m)

sabit ... amr ta jesh — **halt!**
(holt)

sabuun hamaam — toilet **soap**
('toylet soap)

sabuun kasiil — laundry **soap**
('lo:ndrii soap)

sabuun shaar — **shampoo**
(shæmpoo)

sabuura — **blackboard**
('blækbo:d)

sadiik — **friend** (frend)

sadik — **sincere** ('sin'siir)

sadiru — **confiscate**
(konfi'skeet)

sadma — **shock** (shok)

sadu — **help, assist** (help, a'sist)

saf — **line, row** (lain, roo)

saf ... ta nas al g-isteni haja —
**queue** (kyuu)

saf ... ta madraasa — **form**
(fo:m)

safa ... maa filta — **filter** ('filta)

safa ... maa musfa — **strain**
(streen)

safa ... taraf — **side** (said)

safaara — **embassy** ('embasi)

safag le — **clap** (klæp)

safaha — **page** (peej)

safar — **travel** ('trævel)

safi — **clear, pure** (kliiya,
'pyuwa)

safiiya — **tin** (tin)

safingga — **sandal, flipflops**
('sændal, 'flip'flops)

saga ... nur bito — **lightning**
('laitning)

saga ... sot bito —**thunder**
('thanda)

sagaata — **latch** (læch)

sagaf — **roof** (ruuf)

sagit — **fail** (feel)

sah — **correct, right** (ko'rekt, rait)

saha — **health** (helth)

sahaara — **sorcerer** ('so:sara)

sahaara ... mara — **witch**
(wich)

sahaara ... rajil — **wizard**
('wizad)

sahaat — **beggar** ('bega)

sahan — **dish, plate** (dish,
pleet)

sahar — **bewitch** (bi'wich)

sahat — **beg** (bega)

sahil ... sahil — **easy** ('iizi)

sahir — **stay up late** (stee ap leet)

sahra — **late night** (leet nait)

sahraa — **desert** ('deza:t)

saim — **fast** (faast)

sakaafa — **culture** (kalcha)

sakaana — **heat** (hiit)

sakaana ... al ma shadiid — warmth (wo:mth)

sakiin — knife (naif)

sakin — live (liv)

sakin fi — occupy ('okyupai)

sakit — just, simply, only (jast, 'simpli, 'oonli)

sakit ... biduun sot — silent ('sailent)

sakuuruji — drunkard ('dranka:d)

sakuus — hammer ('hæma)

sala ... haja karabuu — fix, mend, repair (fiks, mend, ri'peeya)

sala ... min jediid — make (meek)

sala ... haja galat — correct (ko'rekt)

sala ... kalaam beyn nas — conciliate, reconcile (kon'silieet, rekon'sail)

sala geriib ze "kan" — even, if ('iiven if) e.g.even if he comes we are going ('iiven if hi kams wii aa gooing) sala huwa ja nina gi-ruwa

abu sala — bald person (bo:ld pa:son)

sala ... ras biduun shaar — bald patch (bo:ld pætch)

salaam — greetings ('griitings)

salaam ... mushaakil mafi — peace (piis)

salakaana — slaughter house ('slo:ta haus)

salako — skin (skin)

salif — lend, lent (lend, lent)

saluuk — casanova, philanderer (kæsa'noova, fi'landara)

samaa — sky (skai)

Samaa ... mahaal ta Rabuuna — Paradise, heaven ('pæradais,'heven)

samak — fish (fish)

amsuku samak — fish (fish)

samam — poison ('poyzan)

sambala — randomly, haphazardly ('rændomli, hæp'hæza:dli)

sambala ... ma munazim — messy (mesi)

dowr sambala — stagger ('staga)

sambara — wheel (wiil)

samon — summons ('samans)

samuula — nut (nat)

sanab — moustache (mas'taash)

sanduug — box (boks)

sanduug ... ta nas meytiin — coffin ('kofin)

sanfara — sandpaper ('sændpeepa)

saniya ... gisim ta saa — second ('sekond)

saraaf — cashier ('kæshiiya)

143

**saraf** — **collect money** (ko'lekt mani)

**saraf** ... geru shek le kash — **cash** (kæsh)

**saraiya** — **storey** ('stori)

**saramuuta (saramit)** — **prostitute, whore** ('prostityut, ho:wa)

**sargeel** — **earthworm** ('a:th'wa:m)

**sarsar** — **cockroach** ('kokrooch)

**satuur** — **panga** ('pæŋgga)

**sawa** — **together** (tu'getha)

**sawa** ... mafi ferik — **same** (seem)

**sawa-sawa** — **equal, even, same** ('iikwal, 'iiven, seem)

**sawa-sawa** ... musatah — **flat, level** (flæt, 'level)

**sawaag** ta tiyaara — **pilot** ('pailat)

**sawit** — **vote** (voot)

**sayidu** — **help, assist** (help, a'sist)

**sayil** — **liquid** ('likwid)

**sedik** — **believe** (ba'liiv)

**sedim** — **crash** (kræsh)

**sef** — **sword** (so:d)

**seger** — **rust** (rast)

**sejer** ... sigaara awa kodos — **smoke** (smook)

**sejil** — **record** (re'ko:d)

**sejil** ... fi kitaab resmi — **register** ('rejista)

**sekiti** — **chill, cold** (chil, koold)

**sekraan** — **drunk, intoxicated** (drank, in'toksi'keetid)

**seli** — **pray** (pree)

**seli (seliwaat)** **prayer** (preeya)

**seliib** — **cross** (kros)

**selim** ... wodii salaam — **greet** (griit)

**selim** ... sibu mushakil — **surrender** (sa'renda)

**selim nefsa** — **to give oneself up** (give wan'self lap) e.g. I gave myself up to the sergeant (Ai geev mai'self up tu dha 'saagent) ana selim nefsa tai le shawiish

**selsiyon** — **glue** (glu)

**selsiyon** ...ta juwaani — **rubber solution** ('raba sa'luushan)

**seme** — **fine** (fain)

**semiin** — **fat, plump, thick** (fæt, plamp, thik)

**semin** — **clarified butter** ('klærifaid 'bata)

**sena (senawaat)** — **year** ('yiiya)

**sena al aali** — **secondary school** ('sekondri skul)

**sena al aam** — **intermediate school** (inta'miidyat skuul)

**sendal** — **barge** (baaj)

**senegu** — **execute** ('eksakyuut)

**seniin** — **sharp** (shaap)

**seninu** — **sharpen** ('shaapen)

144

senjir — wait, sit about (weet, sit a'baut)

sentimiitra — centimeter ('sentimiita)

seregu — steal, stole (stiil, stool)

seretu — tear, rip ('teya, rip)

serii — quick (kwik)

seriir — bed (bed)

sese — very ('veri)

seyaad — hunter (hanta)

seyd ... ta haywanaat — hunt (hant)

seyd ... isim ta ihtiraam — Mr (mista)

seyda — madame, Mrs. ('mædam, 'misis)

seyf — dry season (drai 'siizan)

seyi — really (' riili)

seyr — price (prais)

seyra — parade of cars (pa'reed ov kaaz)

shaar — hair ('heya)

shaariiya — noodles ('nuudalz)

shab (shabaab)— youth, adolescent (yuuth, ædo'lesant)

shabaan — satisfied (' sætisfaid)

shabakaana — dispensary (dispensari)

shabat — sandal ('sændal)

shadiid ... shediid — strong, hard (strong, haad)

shadiid ... marbuut gowi — tightly (taitli)

shafa (shafaif) — lip (lip)

shagaal — working ('wa:king)

shagbat — cross out (kros 'aut)

shahaada — certificate, testimonial (sa:'tifikat, testi'moonial)

shaham — fat, grease (fæt, griis)

shahar (shuhuur) — month (mandh)

shahar al asil — honey moon ('hani muun)

shahid (shuhuud) — witness ('witness)

shai — tea (tii)

shai leben — tea with milk (tii widh milk)

shai sada — tea without milk (tii widhaut milk)

Shainiiz — Chinese (chai'niiz)

shak — doubts (dauts)

shakal — fight, fought (fait, fo:t)

shakila — fight (fait)

shaksiiya — personality (pa:so'næliti)

shalatu — kick (kik)

shama — mole (mool)

shamaa ... ta gumaash — clothes horse (cloodhz ho:s)

shamaa ... ta sheme ta nur — wax (waks)

shamaar — cumin (kyumin)

shanta — bag (bæg)

sharaab — drinking (drinking)

sharaara — spark (spaak)

sharamuut — dried meat (draid miit)

sharg — east (iist)

shargi — eastern ('iista:n)

shari — street (striit)

shari zelet — tarmac road ('taamæk rood)

shariit — tape (teep)

shariit ... ta musejil — cassette (ka'set)

shariit ... ta gumaash — ribbon ('riban)

shariit ... ta lamba — wick (wik)

shariiya — Islamic Law (i'slæmik lo:w)

sharka — company ('kampani)

shart (shuruut) — condition, term (kon'dishon, ta:m)

sharuut ... ta gumaar — bet (bet)

shash — gauze (go:z)

shasha — screen (skriin)

shata — chilli powder ('chili 'pauda)

shata ... now ta meriisa — ginger beer ('jinja 'biiya)

shatir — clever, intelligent (kleva, in'telijent)

sheba ... kashab — pole (pool)

sheba ... maa zol — likeness ('laiknes) .

shegigu — crack, split (kræk, split)

shejara (ashjaar) — tree (trii)

shek — cheque (chek)

sheme — candle ('kændal)

shemis — sun (san)

shemsiiya — umbrella (am'brela)

shen — ugly (agli)

sherek — trap, snare (træp, 'sneeya)

sheri — sherry (sheri)

sheruuk — rocket ('roket)

shetaan — devil (devil)

shetifu — rinse (rins)

shibshib — sandal ('sændal)

abu shiheg — hiccup ('hikap)

shikli — shape (sheep)

shikli ... now ta haja — type (taip)

shilu — carry, take, took ('kæri, teek, tuk)

shilu bara — remove (ri'muuv)

shimaal ... aks yamiin — left (left)

shimaal ... aks januub — north (no:th)

shimaali (shimaliin) — Northerner ('no:dhana)

shinuu — what (wot)

shok — spike (spaik)

shok ... ta shejara — thorn (tho:n)

shok ... al dakal fi jilid — splinter ('splinta)

abu shok — porcupine ('po:kyupain)

shoka ... now ta malaga — fork (fo:k)

shokwa — complaint (kom'pleent)

shona — load (lood)

shona ... ta murkab — cargo ('kaagoo)

shu-uur — feelings ('fiilingz)

shubaak (shubabiik) — window ('windoo)

shuf — see, saw, look at (sii, so:, luk 'æt)

shuf ... gasid ainu — watch (woch)

shuf kweeys ... hafis — look after (luk 'aafta)

shugl — work, job (wa:k, job)

shugul ... ta omaal — labour ('leeba)

shugul ... now ta shugul al endu ism ze najaar awa muhami — occupation ('okyu'peeshon)

shujaa — brave (breev)

shukran — thank you (thænk yu)

shuku — tuck in (tak in)

shuku ... kastena — shufle (shafal)

shurba — soup (suup)

shurba ... ta mulaa ta laham — gravy ('greevi)

shuru — put out to dry (put aut tu drai)

shuwaal — sack (sæk)

shuwaal ... now ta fustaan — loose dress (luus dres)

shweya — little, few ('lital, fyu)

si-si — c.c (siisii)

shweya min — less than (les dhan)

sibga — dye (dai)

sibir — custom, tradition ('kastom, tra'dishan)

sibu — give up, gave up, leave, let (giv ap, geev ap, liiv, let)

sibu sika le — give way to (giv 'wee tu)

sibu wara — overtake (oova'teek)

sid — owner ('oona)

sidaab — drying rack (draying ræk)

sidu shugul — employer (em'ploya)

sifilis — syphilis (' sifilis)

sifir — naught, zero (no:t, 'ziroo)

sigaara — cigarette (siga'ret)

sihaab — cloud (klaud)

sihir — magician (ma'jishan)

sihliiya — lizard (' liza:d)

sijaada — carpet (' kaapet)

sijaan — prison warder ('prizon wo:da)

sijin — prison, gaol ('prizan, jeel)

sika — road (rood)

sika ... ta mediina — street (striit)

sika hadiid — railway ('reelwee)

sika ... ta kuraa — path (paath)

sikli — shape (sheep)

silaa — arms, gun, weapon (aamz, gan, 'wepon)

silik — wire, flex ('waiya, fleks)

silik arnab — wire mesh (waiya mesh)

silik lamaa — scouring pad ('skauring pæd)

silim — stair ('steeya)

silim ... al zol agdar shilu — ladder (læda)

silsila ... now ta gumaash — lace (lees)

silsila ... ta ragaabta — necklace ('neklas)

silsila fagariiya — spine (spain)

sim — poison ('poyzan)

sim ... ta debiiba — venim ('venim)

simeeya — naming ('neeming)

simsim — sesame ('sesami)

sin (sunuun) ... ta kasma — tooth (tuuth)

sin ... now afash ta akil — china ('chaina)

sin ta fiyl — ivory ('aivari)

singgiit — hump (hamp)

abu singgiit — hunch back (hanch bak)

siniiya — tray (tree)

siniiya ... ta sika — roundabout ('raunda'baut)

siri — secret, confidential ('siikret, konfi'denshal)

sirikaali — police (po'liis)

sitaara ... ta shubaak — curtain ('ka:ten)

sitaara ... al bi-gisim oda — screen (skriin)

sitiima — insult (in'salt)

sitimu — insult (in'salt)

siyaasa — politics (poli'tiks)

siyaasi (siyasiin) — politician ('politishan)

siyatak — sir (sa:)

siyato — boss (bos)

siyuul — flash flood (flash flad)

skuta — scooter ('skuuta)

sogur — buzzard, hawk (baza:d, ho:k)

148

songkii — bayonet (beeyo'net)

sori — sorry! ('sori)

sot ... ta kashab — stick, cane (stik, keen)

sot ... al zol bi-asma — sound (saund)

sot ... min kasma ta insaan — voice (voys)

sot ... ta intigabaat — vote (voot)

maa sot aali — loudly (' laudli)

sowra — revolution (revo'luushon)

sowru — photograph ('footagraaf)

stail — fashion ('fæshan)

suaal — question ('kwestyan)

subur — patience ('peeshens)

sudfa — suddenly (' sadenli)

sudur — breast (brest)

ena sudur — nipple, teat ('nipal, tiit)

suf ... ta haywaan — coat (koot)

suf ... ta karuuf — wool (wul)

sufaara — whisle (wisl)

sufaara ... fananiin — trumpet ('trampet)

sufraaji — waiter ('weeta)

sugeer — little, small ('lital, smo:l)

sugeer ... fi umur — young (yang)

sugu — drive, drove (draiv, droov)

sugu ... ajala awa motor — ride, rode (raid, rood)

suk — market ('maaket)

sukar — sugar ('shuga)

gasab sukar — sugar cane ('shuga keen)

suksuk — bead (biid)

suksuk ... ta batariiya — bulb (balb)

sukun — hot (hot)

sukun ... amilu sukun — heat (hiit)

sukun shweya — warm (wo:m)

suku-suku — local gin ('lookal jin)

sulba — waist (weest)

sulta — authority (o:'thoriti)

sultaan (salatiin) — chief (chiif)

suma — reputation (repyu'teeshon)

wodi sumbuk — play a trick on (plee a trik on)

sumu — smell, smelt (smel, smelt)

sumuk — glue, gum (glu, gam)

sumuk-sumuk — sticky ('stiki)

sunuun ... ta kasma — tooth (tuuth)

sura (aswaar) ... ta haja tani — copy (kopi)

sura (aswaar) ... ta kamara — photograph (footaqraaf)

sura ... gwam — speed (spiid)

149

bi **sura** — **fast, quickly** (faast, 'kwikli)

**sura** ... ta jena — **navel** ('neevel)

**suraab (surabaat)** — **sock** (sok)

**surah** — **wrestling** ('resling)

**suretaan** ... now ta ayaan — **cancer** ('kænsa)

**suretaan** ... abu magaas — **crab** (kræb)

**susa** — **weevil** ('wiivil)

**susta** — **zip** (zip)

**sutiyaan** — **bra** (braa)

**sutu** — **stir** (sta:)

**suwaata** — **liar** ('laiya)

**suwaata** ... zol al bi-lakbat nas — **stirrer** ('sta:ra)

# T t

**ta** — **of** (ov)

**ta-awun** — **cooperation** (koo-opa'reeshon)

**taab** — **tiredness** ('taiyadness)

**taab** ... amilu tabaan — **tire** ('taiya)

**taal** — **come** (kam)

**taaliim** — **education, instruction** (edyu'keeshon, in'strakshan)

**taam** — **taste, flavour** (teest, 'fleeva)

**taar** — **revenge** (ri'venj)

**taba** ... aswaar ketiir min sura wahid — **print** (print)

**taba** ... amilu taibing — **type** (taip)

**tabaak** — **cook** (kuk)

**tabaan** — **tired, exhausted** ('taiyad, eg'zo:sted)

**tabaga** ... al bi-kati akil — **food cover** (fuud kava)

**tabaga** ... al bi-nadifu dura — **winnowing basket** ('winoowing 'baasket)

**tabagu** — **fold** (foold)

**taban** — **of course, naturally** (ov'ko:s, 'nætyurali)

**tabaruwaat** — **collection** (ko'lekshon)

**tabasiir** — **chalk** (cho:k)

**tabi (tawaabi)** — **stamp** (stæmp)

**tabiiya** ... ta jena — **afterbirth** ('aaftaba:th)

**tabiiya** ... ta zol awa mahaal — **character** ('kærækta)

**tabla** — **padlock** ('pædlok)

**tabliiya** — **stall, kiosk** (sto:l, 'kiiosk)

**tabuur** — **parade** (pa'reed)

tadaakul — interference (inta'fiirens)

tadmiin — insurance (in'shurans)

tafasiil — detail ('diiteel)

taftiish — inspection, search (in'spekshan, sa:ch)

taga — bundle ('bandal)

tagaala — weight (weet)

tagiil — heavy ('hevi)

tagiiya — hat (hæt)

tagiiya ... now musatah — cap (kæp)

tagiiya ... now gowi ze ta motor — helmet ('helmet)

tagriiban — approximately (a'proksimatli)

tagsiim—redivision (riidi'vizhan)

tahaari — investigation (investigeeshon)

tahamu — charge (chaaj)

tahgiig — investigation (investi'geeshan)

tahir — circumcision ('sa:kamsizhon)

tahuuna — grinding mill ('grainding mil)

taibraita — typewriter (taipraita)

tajir (tojaar) — trader ('treeda)

takaat — power, energy (pauwa, 'ena:ji)

takabir — pride (praid)

takiin — thick (thik)

takiyaan — angry ('ænggri)

taksi — taxi (træksi)

taktiit — planning ('plæning)

tala bara — bring out, brought out, emerge, come out, came out go out, went out (bring aut, bro:t aut, e'ma:j, kam aut, keem aut, goo aut, went aut)

tala bara — come outside (kam aut'said)

tala barii — acquit (a'kwit)

tala fok — go up, went up, mount (goo ap, went ap, maunt)

talaaja — fridge, refrigerator (frij, re'frija'reeta) .

talab — demand, request (di'maand, ri'kwest)

talab ... al resmi — application (æpli'keeshon)

amilu talab ... le wakit gidaam— order ('o:da)

talaga — bullet ('bulet)

talagu — divorce (di'vo:s)

talib — school boy, student ('skuul boy, 'styuudent)

taliba — school girl ('skuul ga:l)

talimaat — rule (ruul)

talimiiza — school girl ('skuul ga:l)

tamaa — greedy, covetous ('griidi, 'kavetas)

151

**tamaam** — **excellent perfect** ('ekselent, 'pa:fekt)

**tamaaragi** — **nurse** (na:s)

**tamaatiim** — **tomatoes** (to'maatooz)

**taman** — **cost, price, value** (kost, prais, "vælyuu)

**tamaarud** — **mutiny** ('myuutini)

**tamasiliiya** — **drama** ('draama)

**tamos** — **thermos** (' tha: mas)

**tamriin** — **practice** ('præktis)

**tamtam** — **stammer** ('stæma)

**tani** — **other, another** (' adha, a'natha)

**tani** ... mara — **again** (a'geen)

**tani** ... ziyaada — **more** (mo:)

**tani** ... al ja wara awal — **second** ('sekond)

**tanki** — **tank** (tænk)

**tara** — **wheel** (wiil)

**tarabeeza** — **table** ('teebal)

**taraf** — **edge, side** (ej, said)

**taraf bahar** — **bank** (bænk)

**tarauwa** — **breeze** (briiz)

**tarbiya** — **education** (edyu'keeshon)

**targiya** — **promotion** (pra'mooshon)

**tarha** — **veil** (veel)

**tarid (turuud)** — **parcel** (paasal)

**tariig** — **way, method, manner** (wee, 'methad, mæna)

**tariik** ... ta yom — **date** (deet)

**tariik** ... kalaam ta zamaan — **history** (' histari)

**taruumba** — **pump** (pamp)

**taruumba** ... ta biyr — **water-pump** (wo:ta'pamp)

**tasiiga** — **gear stick** ('giya stik)

**taswiit** — **vote** (voot)

**tawa** — **frying pan** ('fraiying pan)

**tawaali** ... hasa — **immediately, straight away, directly** (i'miidiyatli, street a'wee, dai'rektli)

**tawaali** ... badi maraat — **often, frequently** ('often, 'friikwentli)

**tawakiil** — **procuration** (prokyu'reeshon)

**tawiil** ... aali — **high** (hai)

**tawiil** ... fi tul min turaab — **tall** (to:l)

**tawiil** ... min mahaal wahid le mahaal tani — **long** (long)

**tawiil** ... fi tul min ras ta haja le tihit bito, masalan ze moya ta bahar — **deep** (diip)

**tazkara** — **ticket** ('tiket)

**tede** — **begin, began, start** (ba'gin, bi'gæn, staat)

**tegim** — **match, be alike** (mæch, bi a'laik)

**tegriir** — **report** (ri'po:t)

tehiiyat — greetings ('griitings)

tejiriba — attempt (a'tempt)

teki — lean on (liin on)

telefuun — telephone
(tele'foon)e.g. I phoned him
(ai foond him) ana dugu lo
telefuun

telegraaf — telegram
('telegræm)

telej — ice (ais)

telgiim — ceiling ('siiling)

teltel — lewel hartebeest
('lewel 'haatebiist)

ter (tiyuur) — bird (ba:d)

terezi — tailor ('teela)

terim— respect, look up to
(ri'spekt, luk 'ap tu)

terjima — translation
(træns'leeshan)

terjimu — interpret, translate
(in'ta:pret, træns'leet)

tesdiig — approval (a'pruuval)

teshit — basin, washing bowl
('beesin, 'woshing bool)

teslih — repair (ri'peer)

teteiim — vaccination
(vaksi'neeshon)

tetsi-tetsi — tsetse fly (' tetsi flai)

teysu — court, chat up (ko:t,
chæt ap)

abu teziim — squirrel ('skwirel)

makana tibaa — typewriter
(taipraita)

tifagiiya — agreement
(a'griiment)

tifaiya — ashtray (æshtree)

tihit — below, under, beneath,
down, low (ba'loo, 'anda,
ba'niith, daun, loo)

tijaara -- trade, business (treed,
'biznes)

tijariiya — commercial
(ko'ma:shal)

tiktik — trigger (' triga)

tilmiiz — school boy ('skuul boy)

timaan — twins (twinz)

timsaa — crocodile ('krokodail)

timsaal (tamasiil) — statue
('stætyuu)

timu — be enough,be sufficient
(bi' enaf, bi sa' fishent) e.g.
there is enough water for the
washing ('dheeya iz 'enaf
'wo:ta fo: dha 'washing) moya
de bi-timu kasiil

tiraab — seeds (siidz)

tirbaas — bolt (boolt)

tiris (taruus) — gear ('giya)

tiris gowa — low gear (loo 'giiya)

tiru — fly, flew (flai, fluu)

tiyaara — aeroplane, plane
('eyrapleen, pleen)

tiyk — teak (tiik)

tiyn — mud (mad)

dugu maa tiyn — daub (dawb)

tof— convoy ('konvoy)

**tofugu** — make an **agreement** (meek an a'griiment)

**tomam** — **nausea** (nauziya)

**toman** — **their** (' dheya)

**tongga** — **pinch** (pinch)

**toruju** — **expel, dismiss, throw out** (ek'spel, dis'mis, throo aut) **toruju** ... min beled **banish** ('bænish)

**toruju** ... jere wara — **pursue, chase** (pa:su, chees)

**towb** — **cloak, gown** (klook, gaun)

**towfiir** — **savings** ('seevingz)

**towfu** — **float** (floot)

**towgu** — **peer at** (piiya at)

**towlu** ... zidu tul — **lengthen** ('lengthen)

**towlu** ... geni muda tawiil — **stay long** (stey long)

**towr** ... now ta bagara — **bull, ox** (bul, oks)

**towr** ... min num— **wake** (week)

**towr shaar** — **comb hair** (koom heeya)

**toytj** — **swamp** (swomp)

**tub** — **brick** (brik)

**tufu** — **spit, spat** (spit, Spæt)

**tul** ... min tihit le fok — **height** (hait)

**tul** ... min mahaal wahid le mahaal tani — **length** (length)

**tul** ... min ras ta haja le tihit bito juwa — **depth** (depth)

**tum** — **garlic** ('gaalik)

**tumbaak** — **tobacco** (to'bakoo)

**turaab** — **earth, ground, soil** (a:th, graund, soyl)

**turba** — **grave, tomb** (greev, tuum)

**turiiya** — **hoe** (hoo)

---

# U — U u

**udu (aada)** — **member** (memba)

**ujara** — **rent** (rent)

**uku** — **scrape** (skreep)

**ukut (ikwaat)** — **sister** (sista)

**ukut abu** — **aunt** (aant)

**ukut uma** — **aunt** (aant)

**uluum** — **science** ('saiyens)

**um** — **mother** ('madha)

**uma** — **mother** ('madha)

**umbaari** — **yesterday** ('yesta:dee)

**umur** ... nimra ta senawaat ta zol — **age** (eej)

**umur** ... haya kulu — **life** (laif)

154

umuur — concerns, affairs (kon'sa:nz, a'feyaz)

unwaan — address (a'dres)

urd — width (width)

urniik — form (fo:m)

uru — piss (pis)

Uruuba — Europe (yurop)

usbo — week (wiik)

usbo-een — fortnight ('fo:tnait)

ush — nest (nest)

usluub — fashion ('fæshan)

usra — family ('fæmilii)

ustaaz — school master ('skuul maasta)

ustaaz (muderisiin) — teacher ('tiicha)

usur — tax (tæks)

uw — and (ænd)

uwm — swim, swam (swim, swæm)

uzur — excuse (ek'skyuus)

# Ww

wa — and (ænd)

waasi ... kebiir min — large, loose (laaj, luus)

waasi ... magaas ta urd kibiir — wide, broad (waid, bro:d}

wadi — valley ('vælii)

wafda — delegation (dele'geeshon)

wagfa — eve (iiv)

wagti — temporary ('temparari)

wahid ... awal nimra — one (wan)

wahid ... ferik mafi — same (seem)

wahid ... zol — someone ('samwan)

wahida — unity ('yuuniti)

wakiil — agent ('eejant)

wala ... nar — ignite, light (ig'nait, lait)

wala ... yani awa — or (o:)

wala ... fata awa dowr — turn on (ta:n on)

wara — behind, beyond (ba'haind, bi'yond)

le wara — backwards (bækwo:dz)

waraasa — inheritance (in'heritans)

warag ... ta kitaab — page (peej)

waraga (awraag) — paper, sheet ('peepa, shiit) e.g. give me three sheets of paper (giv mii thrii shiiits ov 'peepa) wodii le ana talaata awraag

waraga ... ta shejara — leaf (liif)

155

**waraga** ... maktuub resmi **(awraaq) — document** ('dokyument.)

**waridu — deposit** (di'posit)

**waridu** ... jibu min beled tani **— import** (im'po:t.)

**warniis — shoe polish** (shuu ' polish)

**warsha — workshop** ('wa:kshop)

**wasa — clear** (kliiya)

**wasa! — get out of the way!** (get aut of dha wee!)

**wasaaka — dirt, filth** (da:t, filth)

**waskaan — dirty** ('da:ti)

**waskaan** ... ma saafi — **impure** (impyuua)

**waswas — whisper** ('wispa)

**waswasa — whisper** ('wispa)

**watwat — bat** (bæt)

**wazaara — ministry** ('ministri)

**waziin — wild duck** (waild dak)

**waziir — minister** ('minista)

**weleedu — delivery** (de'livari)

**weyn — where** ('weya)

**wilaada — delivery** (de'livari)

**winsh — crane, winch** (kreen, winch)

**wiski — whisky** ('Wiski)

**wadii — give, gave** (giv, geev)

**woduru — lose, lost** (luuz, lost)

**wofigu — agree** (a'grii)

**wofiru — save** (seev)

**woga — fall, fell** (fo:l, fel)

**wogif — stop** (stop)

**wogif** ... bi kuraa — **stand, stood** (stænd, stud)

**woj — face** (fees)

**woja — hurt** (ha:t)

**wojba — meal** (miil)

**wokaala — agency** ('eejensi)

**wokit — time** (taim)

**wola — either.....or** ('aidha o:) e.g. he will come either today or to-morrow (hii wil kam aidha tudee o: tu'moroo) huwa bi-ja nahaar de wola bukra

**wolai — really!** ('riili)

**waled (awlaad) — boy** (boy)

**wolidu — bear, bore** ('beeya, bo:)

**woliduu — was born** (woz bo:n)

**wolif — adapt to** (a'dæpt tu)

**wonasa — conversation** (konva: 'seeshon)

**wonasu — talk, dicuss, converse** (to:k, di'skas, 'kon'va:s)

**wonasu** ... wonasa kafiif — **chat** (chat)

**worii — show** (shoo)

**worii** ... worii maa kasma — **tell, told** (tel, toold)

**worim — swell** (swel)

**worim** ... mahaal al worim — **swelling** ('sweling)

**woselu** — **arrive at, reach** (a'raiv æt, riich)

**woselu** ... kutu haja woselu — **convey** (kon'vee)

**woselu geriib** — **approach** (a'prooch)

**wosh** — **face** (fees)

**wosif** — **describe, explain** (di'skraib, ek'spleen)

**wosla** — **link, connection** (link, ka'nekshan)

**wota** — **season, atmosphere, climate** ('siizan. 'ætmos'fiiya, 'klaimat)

**wotan (awtaan)** — **plot** (plot)

**wozau** — **distribute, divide** (dis'tribyut, di'vaid)

**wozenu** ... aburu wozn ta haja — **weigh** (weey)

**wozenu** ... geru shweya-shweya — **adjust** (a'jast)

**woziifa** — **profession, occupation** (pro'feshan, 'okyuu'peeshan)

**woziifa** ... rutba fi shugul — **rank** (rænk)

**wozn** — **weight** (weet)

# Y y

**ya** ...kelma ze "ya" ma mustaamil bi Ingliizi muadab — **you!, hey!** (yu, hey)

**yaba** — **father** ('faatha)

**yabis** — **dry** (drai)

**yabis** ... kormos min sakaana — **shrivel** ('shrival)

**yabisu** — **dry, dried** (drai, draid)

**yafta** — **sign** (sain)

**yai** — **spring** (spring)

**yaki** — **you** (yuu)

**yala** — **come on!** (kam on)

**yamiin** — **right** (rait)

**yani** — **in other words,**it **means** (in 'atha wa:dz, it miinz)

**yatiim (aytaam)** —**orphan** ('o:fan)

**yatu** — **which** (wich)

**yau de** — **here it is** ('hiiya it iz)

**yisaawi** — **equal to** ('iikwal tu)

**yom** — **day** (deey)

**yom melaad** — **birthday** ('ba:thdee)

**yomaata de** — **that day** (dhæt dee)

**yuma** — **mother** ('madha)

**yumis** — **mother** ('madha)

# Z z

zabuun (zabain) — customer
('kastama)

zaf — grass ties (graas taiz)

zahari — blue (bluu)

zahir — appear,be visible
(a'piiya, bi 'vizibal)

zahjaan ... tabaan maa haja
bayik — bored (bo:d)

zahjaan ... ma agdar akudu
raha — restless ('restless)

zahjaan ... ta kowf awa afkaar
— worried (wariid)

zahra (zuhuur) — flower
('flauwa)

zaid — plus (plas)

zaida — appendix (a'pendiks)

zaituun — olive (oliv)

zal — anger ('ængga)

zalaan — angry ('ænggri)

zalim — cheat (chiit)

zamaan — past (paast)

zaman — time, period (taim,
'piiriyad)

zaman de — then (dhen)

Zaman Hawaadis — Civil War
(sivil wo:)

zaman ingliizi — colonial
period (kolooniyal piiriyad)

zaman istimaar — colonial
period (kolooniyal piiriyad)

zamiil — colleague ('koliig)

zara — cultivate (kalti'veet)

zara tiraab — sow (soo)

zatu — also, as well ('o:lsoo,
æz'wel)

ze — as, like, similar to (æz,
laik, 'simila tu)

zeguul — similar ('simila)

zeki — wise (waiz)

zekir — remember (ri'memba)

zekir ...kutu zol zekir —
remind (ri'maind)

zekira — memory ('memari)

zeletu — slide (slaid)

zeraaf — giraffe (ji'raaf)

zeradiiya — pliers ('plaiyaz)

zeriiya — yeast (yiist)

zey — uniform ('yuunifo:m)

abu zeyn — buckle ('bakal)

zeynu — shave (sheev)

zeyt — oil (oyl)

zib — penis ('piinis)

zibaadi — yoghurt ('yoga:t)

zibda — margarine ('maajariin)

zibda... min leben — butter
('bata)

zid-mahiiya — pay rise (pee raiz)

zidu — add, increase (æd, in'kriis)

zift — asphalt, tarmacadam ('æsfalt, taa-ma'kædam)

ze zift — slippery ('s1ipari)

zigir — whore (ho:wa)

zihaam — crowd (kraud)

zijaaja — glass (glaas)

zinki — zinc (zink)

zir — pot (pot)

ziraa — agriculture (ægri'kalcha)

mahaal ziraa — smallholding (smo:l'hoolding)

ziraara — button ('batan)

ziriiba — cattle camp ('kæta1 kæmp)

ziyaada — more (mo:)

ziyaara — visit ('vizit)

ziyna — decoration (deko'reeshon)

zol — a person, someone (a 'pa:son, 'samwan)

zowija ... mara ta rajil — wife (waif)

zowij ... rajil ta mara — husband ('hazband)

zugma — catarrh, mucus, snot (ka'taar, 'myuukas, snot)

zuhri — syphilis ('sifilis)

zulum .. kabas — cheat (chiit)

zulum .. istaamir — opress (o'pres)

zur — visit ('vizit)

zuruuf — condition, circumstances (kon'dishon, 'sa:kam'stænsis)

# GREETINGS, FAREWELLS AND OTHER FORMALITIES

In the Sudan it is customary to use a series of greetings. In particularly warm greetings, repetition of the same greeting is common. When people have not met for sometime, a lull in the opening conversation is often filled with further repeated enquiries after the person's wellbeing.

| Greeting | Response | Explanation |
|---|---|---|
| Salaam alikum | alikum asalaam | Polite greeting used when entering a group. Equivalent to "Peace to you" |
| Salamat<br>Salaam taki<br>Salaam takum<br>(pl) | ahlen<br>ahlen wa sahlan | First greeting answered by welcome |
| Saba al ker | saba al nur | Good morning (with answer) |
| Misa al ker | misa al nur | Good evening (with answer). This is rarely used but commonly understood |
| Zeyek<br>Itzeeyek | ahlen | Greeting in passing (with answer) |
| Kef? | | How are you? |
| Ita kweys? | | Are you well? |
| Inshaalah kweysiin | | Hope the family (you pl.) is fine |
| | kweys | Fine |
| | kweysiin | Fine (plural) |
| | ma bataal | Not bad |
| | bataal mafi | No bad (jokingly) |
| | nus nus | Half half (humorous) |
| | ya-au de | Here I am! You can see for youself! |

|  | al hamdulilai | Praise be to God |
|---|---|---|
| Alah yebarik fiyk | | Used by the other person following "al hamdulilai" often in conclusion of the greeting ritual and meaning "God bless you". |

| Farewells | | Explanation |
|---|---|---|
| taiyib (teyb) | | Good, O.K. |
| kweys | | Good! |
| maa salaama | | Goodbye |
| Alah yesalimak | | God give you peace |
| Alah yebarik fiyk | | God bless you |

## Congratulations

"Mabruuk" is used to offer cangratulations for a new possession, a birth, marriage, successful achievement etc. The person congratulated answers immediately "Alah yebarik fiyk".

## Commiserations

There are two types of commiseration.

"Maleesh" is equivalent to "Never mind". It is used also as an apology for simple mistakes. Simple problems, knocks, accidents are responded to with "maleesh" or "sori".

"Kafaara is used when a person is ill or has been bereaved. The person, thus addressed, replies "kafaara la". It is the first reaction to such news or used when first meeting the sick or bereaved.

Also used much in conversations at a funeral is "Alah kariim" meaning "God is generous". It is meant to console the bereaved. This phrase can also be used in the case of monetary loss e.g. when a person has been cheated.

A common form of encouragement after non-fatal misfortunes is "shid halak".

# NUMBERS                              NIMRAAT

| Kitaaba ta Ingliizi | Sot ta Ingliizi |     | Juba Arabi |
|---|---|---|---|
| one | wan | 1 | wahid |
| two | tu | 2 | itniin |
| three | thrii | 3 | talaata |
| four | fo: | 4 | arba |
| five | faiv | 5 | kamsa |
| six | siks | 6 | sita |
| seven | 'seven | 7 | saba |
| eight | eet | 8 | tamaanya |
| nine | nain | 9 | tisa |
| ten | ten | 10 | ashara |
| eleven | e'leven | 11 | hidashara |
| twelve | twelv | 12 | itnashara |
| thirteen | tha:tiin | 13 | talatashara |
| fourteen | fo:tiin | 14 | arbatashara |
| fifteen | fiftiin | 15 | kamstashara |
| sixteen | sikstiin | 16 | sitashara |
| seventeen | 'seventiin | 17 | sabatashara |
| eighteen | eetiin | 18 | samantashara |
| nineteen | naintiin | 19 | sisatashara |
| twenty | twenti | 20 | ishriin |
| twenty one | twenti wan | 21 | wahid wa ishriin |
| twenty six | twenti siks | 26 | sita wa ishriin |
| thirty | tha:ti | 30 | talatiin |
| forty | fo:ti | 40 | arbeen |
| fifty | fifti | 50 | kamsiin |
| sixty | siksti | 60 | sitiin |
| seventy | 'seventi | 70 | sabeen |
| eighty | eeti | 80 | tamaniin |
| ninety | nainti | 90 | tiseen |

# NUMBERS                                    NIMRAAT

| two hundred | tu handred | 200 | miyteen |
|---|---|---|---|
| three hundred | three handred | 300 | tultumiiya |
| four hundred | fo: hundred | 400 | urbumiiya |
| five hundred | faiv handred | 500 | kumsumiiya |
| six hundred | siks handred | 600 | sutumiiya |
| seven hundred | 'seven handred | 700 | subumiiya |
| eight hundred | eet handred | 800 | tumunumiiya |
| nine hundred | nain handred | 900 | tusumiiya |
| one thousand | wan thauzand | 1000 | alf |
| one thousand and one wan | wan thauzand and wan | 1001 | alf wa wahid |
| one thousand and twenty | wan thauzand and twenty | 1020 | alf wa ishriin |
| one thousand two hundred | wan thauzand tu handred | 1200 | alf wa miiten |
| two thousand | tu thauzand | 2000 | alfeen |
| three thousand | thrii thauzand | 3000 | talaata alf |
| four thousand | fo:thauzand | 4000 | arba alf |
| **Fractions** | | | **Gismaat ta wahid** |
| a quarter | kwo:ta | 0.25 | rubo |
| a third | tha:d | 0.33 | tilit |
| a half | Haaf | 0.5 | nus |
| three quarters | thrii kwo:taz | 0.75 | talataarba |

163

# TIME                                    # SAA

| | | |
|---|---|---|
| Below is shown the normal system for telling the time the days of the week and the date in English. In the opposite column is the translation in Juba Arabic. | | Tihit fi tariiga ta saa bi Arabi Juba; saaat, ayaamta usbo wa tariik. Fi saf ta shimaal fi terjima bi Ingliizi. |
| One o'clock | 1.00 | saa wahid shoka |
| One minute past one | 1.01 | saa wahid wa wahid |
| Two minutes past one | 1.02 | saa wahid wa itniin |
| Quarter past one | 1.15 | saa wahid wa rubo |
| Sixteen minutes past one | 1.16 | saa wahid wa sitashara |
| Twenty minutes past one | 1.20 | saa wahid wa tilit |
| Twenty one minutes past one | 1.21 | saa wahid wa wahid wa ishriin |
| Half past one | 1.30 | saa wahid wa nus |
| Twenty nine minutes to two | 1.31 | saa itniin ila tisa wa ishriin |
| Twenty eight minutes to two | 1.32 | saa itniin ila tamaanya wa ishriin |
| Twenty minutes to two | 1.40 | saa itniin ila tilit |
| Nineteen minutes to two | 1.41 | saa itniin ila tisatashara |
| Quarter to two | 1.45 | saa itniin ila rubo |
| Fourteen minutes to two | 1.46 | saa itniin ila arbatashar |
| Two o'clock | 2.00 | saa itniin shoka |
| All hours follow this system. | | Kulu saaat mashibi tariiga al fi fok. Ainu sot ta nimraat fi waraga al gibeel Sot ta kelimaat maksuus ta saa, kida: o'clock = a'klok past = paast minute = minit |

| Days of the Week | Ayaam* ta Usbo |
|---|---|
| Sunday (sandee) | yom ahad |
| Monday (mandee) | yom itniini |
| Tuesday (tyuuzdee) | yom talaata |
| Wednesday ('wedenzdee) | yom arbahaa |
| Thursaday (tha:zdee) | yom kamiis |
| Friday (fraidee) | yom juma |
| Saturday ('sata:dee) | yom sebit |

*Ayamaat is sometimes used as an alternative for "days"

Quite a large number of people place "al" between "yom" and the name of the day. This is correct Khartoum Arabic but either is acceptable in Juba Arabic.

| | |
|---|---|
| next week (nekst wiik) | usbo al jai |
| last week (laast wiik) | usbo al fat |
| next month (nekst manth) | shahar al jai |
| last month (laast manth) | shahar al fat |
| next year (nekst yiiya) | sena al jai |
| last year (laast yiiya) | sena al fat |
| yesterday (yesta:dee) | umbaari |
| tomorrow (tumoroo) | bukra |
| the day before yesterday | awal umbaari |
| (dha dee bifo: yesta:dee) | |
| the day after tomorrow | badi bukra |
| (dha day aafta tumoroo) | |
| two days before yesterday | awal umbaarii al fat |
| two days after tomorrow | badi bukra al fat |

| Months | Shuhuur |
|---|---|
| January (janyuari) | shahar wahid |
| February (februari) | shahar itniin |
| March (maach) | shahar talaata |
| April (eepril) | shahar arba |
| May (mee) | shahar kamsa |
| June (jun) | shahar siita |
| July (julai) | shahar saba |
| August (augast) | shahar tamaniiya |
| September(septemba) | shahar tiisa |
| October (oktooba) | shahar ashara |
| November (noovember) | shahar hidashara |
| December (disemba) | shahar itnashara |

| The Date | Tariik |
|---|---|
| In Juba Arabic the days of the month are expressed by using the ordinals rather than the numerals: eg."wahid" (one) rather than "awal" first. | Bi Ingliizi ita b-istaamil "first, second, third" ma "one, two, three," kan ita der kelim ayaam ta shahar. Fi ferik beyn Ingliizi ta kitaab wa tariiga al nas gi-wonasu. Ita bi-ainu fi saf ta Ingliizi tariiga ta wonasa awal badeen tariiga ta kitaaba. |
| the second of April: 2nd april | yom itniin shahar araba |
| the twenty fourth of May: 24th May | yom arba wa ishriin sahar kamsa |
| the thirty first of July: 31st July | yom wahid wa talatiin shahar saba |

**Years**

| | Senawaat | |
|---|---|---|
| nineteen twenty three | 1923 | sena alf tusumiiya wa talaata wa ishriin |
| seventeen eighty six | 1786 | sena alf subumiiya wa sita wa tamaniin |
| nineteen hundred and four | 1904 | sena alf tusumiiya wa arba |
| nineteen hundred | 1900 | sena alf tusumiiya |
| eighteen hundred and nine | 1809 | sena alf tumunumiiya wa tisa |
| fifteen sixteen | 1516 | sena alf kumsumiiya wa sitashara |

## Decades use the following pattern

| | | |
|---|---|---|
| tens (tenz) | 1910's | asharaat |
| twenties (twentiiz) | 1920's | ishriinaat |
| thirties (tha:tiiz) | 1930's | talatiinaat |
| forties (fo:tiiz) | 1940's | arbeenaat |
| fifties (fiftiiz) | 1950's | kamsiinaat |
| sixties (sikstiiz) | 1960's | sitiinaat |
| seventies (seventiiz) | 1970's | sabeenaat |
| eighties (eetiiz) | 980's | tamaniinaat |
| nineties (naintiiz) | 1990's | tisiinaat |

| **Centuries** | | **Gurn** |
|---|---|---|
| The Arabic word for century is "gurn". The word is not, however, widely known. | | Mana ta "gurn", miya sena. Ita bi-nadi muda beyn 1800 wa 1899, gurn tisatashara. |
| the eighteeneth century | 1700-1799 | gurn tamantashara |
| the nineteenth century | 1800-1899 | gurn tisatashara |
| the twentieth century | 1900-1999 | gurn ishriin |

Sot ta century = "'sentyuri".

167

## MONEY GURUUSH

In the last two decades names of coins and notes have become confused by currency changes in Khartoum and the use of currencies from neighbouring countries in many areas of the South. So this section has been omitted from this edition.

## WEIGHTS AND MEASURES

Generally speaking the Sudan now operates on a decimal system but there still remain some traditional/local measures which are in common use. In this section only such weights and measures, peculiar to the Sudan and commonly known in the south, are referred to specifically. Decimal or imperial measures are included in the main body of the dictionary.

### Weight

wagiiya =    37.44 grams; used in weighing items of high value to weight such as gold.

rotl    =    449.28 grams (12 wagiiya); very commonly used in the market for buying food stuffs though kilos are also used; 0.5 and 0.25 rotl weights are usually available.

kantaar =    44.928 kilo's (100 rotl); larger weights such as sacks of food or lorry loads are usually referred to in kilos or tons, but, occassionaly, one hears "kantaar" used.

### Length

Now entirely expressed in feet, inches centimeters, metres or miles.

## SQUARE MEASURES

Only one square measure is commonly used, that is the fedaan which is equal to 4200 sq. metres. In most cases a smaller area such as a plot, a piece of zinc sheet etc. is referred to by its dimensions, e.g. kamstashara mitir fi ishriin (15 meters by 20).

### Capacity

The litre, cubic centimetre and the gallon are all known but some common containers have obtained the status of standard measurements.

abuura =    a small tin scoop used for measuring out small quantitles of flour

| jerdel | = | a bucket: this is used for measuring grains in |
| smaller | | quantities than a sack |
| sufiiya | = | a tall square tin with twice the capacity of a bucket (the tins originally held tahniiya or oil); this is used for measuring grains and charcoal |
| kizaaza | = | a standard small sized soda bottle: this is used for buying items such as oil, kerosine, butter and local spirits |

Note that with the war and technology changes it is likely that the rotl, kantaar, jerdel, and sufiiya are almost extinct.

# LOCAL FOOD

There are many foods and beverages in the Southern Sudan for which there are no English names. This section gives a brief description of such cases. Other foods which have commonly known names in the English language have been included in the main body of the dictionary and are not repeated here.

### Starches

asiida: a cake made from all kinds of locally available grain and also from cassava and plantain; it is cooked by stirring the flour into boiling water until the mixture stiff: asiida is also referred to as "lugma" especially when one piece is taken from the cake to dip in a stew.

kisra: a large water pancake made from dura, maize or wheat flour but always with some of the latter in the mixture: the flour is made into a thin batter which is left for some time to obtain a slightly bitter taste: when ready the batter (ajiin) is spread onto a square iron sheet" (dowka) heated over a fire of grass. The batter is spread with an implement called a (gargariiba). When cooked it is removed with a long spatula (tamala) and folded ready for serving.

sareena: a redish type of dura (sorghum) grain

telebuun: a type of small grained dura

| | |
|---|---|
| fetariita: | a large light brown dura grain |
| mayo: | a finger millet, eaten in a few rural areas but not much in the larger towns. |

## Vegetables

| | |
|---|---|
| kudra: | small dark green leaves, often with a serrated edge |
| rijla: | smooth round light green leaves, quite small |
| korfa lubiya: | bean leaves |
| korfa banjok: | pumpkin leaves |
| jirjir: | a variety of mildly hot cress with medium sized leaves: eaten with salads |
| pondu: | cassava leaves |
| tegiri: | like kudra in shape and colour but slightly larger and often picked just after its plant flowers; it has a bitter taste and is often mixed with gwedegwede (see below) |
| gwedegwede: | sweet green leaves with pink stems |
| tamuleeka: | another name for korofa lubiya and tegirii |

With the exception of jirjir and sometimes gwedegwede all the above are cooked with various combinations of meat, groundnut paste, oil and other liquids to make a "mulah" (a stew eaten with the starch component of the meal). All the above are leaves. The two other vegetables mentioned below are not.

| | |
|---|---|
| garakos: | a light green torpedo shaped vegetable, usually about six inches long, often stuffed with rice and meat |
| pagu: | a seed of about a centimetre length which is ground and then boiled, resulting in food with a consistency and taste very like scrambled eggs (Western Equatoria only) |

## Pulses

ful masiri:
: Egyptian beans: large and flatish they vary in colour when dry between a yellowish pink and purple

jenjaaro:
: multi-colored beans similar in size and taste to pinto beans

fasuuliya:
: white navy beans

fasuliya akdar:
: fresh green beans

lubiya:
: black eyed peas

brukusuu:
: small light brown varient of "lubiya"

kemuut:
: a ground paste of peanuts or simsim used extensively in cooking to form a thick sauce

## Condiments and cooking additives

weyka:
: dried okra first ground then sieved and used as a thickening agent

kombo:
: soda water made by draining water through wood ash or charcoal ashes and used as the cooking water for certain leaves such as bean or pumpkin leaves

## Fruit

dilep:
: large orange fruit of the dilep tree (a variety of palm) with fibrous sweet flesh inside a thick skin: it is often soaked in water after splitting to make a sweet squash; the kernels are planted producing roots after some months which are then dug up, boiled and taste like cassava.

ardeb:
: the fruit of the tamarind tree which can be eaten raw or roasted while still green and used to make squash when ripe.

gishta:
: light green fruit about the size of a fist: it is in shape like a large rasperry, the flesh is white and sweet with dark seeds the shape of apple seeds.

171

(Berries are found growing wild in the bush but are rarely sold in the market. People know their names only in their particular tribal language)

## Fish

| | |
|---|---|
| igil: | Nile Perch: this fish grows up to a metre or more and has      plenty of firm white flesh: the scales are a darkish silver. |
| gargur: | a fish growing up to 15 inches with a large head and relatively few bones |
| kadimiir: | a fish growing up to 12 inches with a thin but high body: this fish has many bones and is often dried |
| bereg: | a small diamond shaped fish with a white body and few scales |
| kasma banaat: | a small fish with many bones and a distinctive pointed mouth |
| garmut: | it grows up to 2 feet and has a black body with no scales and few bones: the head is flatish with two long whiskers |
| logbolo: | a thin dark fish growing to about 1 foot (Bari name) |
| beyaada: | of a similar size and shape to the Nile Perch b it without scales |
| nok: scales: | a large fish of about 2 feet to 2.5 feet with very large much liked by the Dinkas, its name comes from their language |
| abu kahraba: | a similar size and shape to garmut but its skin is spotted with various colours |
| samak yabis: | dried fish of various types: those from Bor (nicknamed Abel Alier) are sun dried and often cut into strips whilst those of Nimule (nicknamed Lagu), Terakeka and Juba are generally wood dried whole fish |

## Snacks

| | |
|---|---|
| sambuusa: | similar to Indian samosas, filled usually with beans or rice |
| tamiiya: | small balls of dough, deep fried with chili spicing |

172

| | |
|---|---|
| tisaali: | roasted salted water melon seeds |
| ful: | roasted salted peanuts |
| legumaat: | slightly sweetened dough deep fried, like a doughnut |
| hilauwa simsim: | sesame balls made from sugar and sesame |
| sandwish: | long piece of bread stuffed with beans and raw onions |
| tahniiya: | sesame paste and sugar: it is similar in taste and consistency to Greek "halva" |

### Restaurant dishes

The traditional dishes in the home are usually referred to by tribal names or by reference to their dominant ingredients in Juba Arabic: e.g. a dish based on groundnut paste would usually be referred to as "mulah kemuut". However, there are some very common dishes served in restaurants which have names unconnected with their ingredients. Below are some of the best known dishes.

| | |
|---|---|
| mahshi: | a large vegetable, usually aubergine, stuffed with spiced meat and rice |
| kabaab: | meat stew |
| shurba: | soup with one piece of bone and some meat |
| makarown: | macaroni with a sauce of minced meat |
| kofta: | minced meat balls |
| sheya: | small pieces of fast fried or grilled meat |
| beledi: | asiida or kisra with a variety of sauces |

# THE SUDANESE ARMY RANKS

## RUTBA TA JESH SUDAAN

| Kitaaba ta Ingliizi | Sot ta Ingliizi | Arabi Juba |
|---|---|---|
| Field Marshal | fiild maashal | mushiir |
| General | jeneral | feriik awal, jeneral |
| Lieutenant General | leftenant general | feriik |
| Major General | meeja jeneral | Liwa |
| Brigadier | brigadiiya | amiid |
| Colonel | ka:nal | agiid |
| Lieutenant Colonel | leftnant ka:nal | mugadam |
| Major | meeja | ra-id |
| Captain | kapten | nagiib |
| Lieutenant | leftenant | mulazim awal |
| 2nd Lieutenant | sekond leftenant | mulazim tani |
| Warrant Officer/Regimental Sergeant Major | warrant ofisa/rejimental saajent meeja | musayid/sol |
| Staff Sergeant | staaf saajent | ragiib awal |
| Sergeant | saajent | ragiib |
| Corporal | co:pral | ariif |
| Lance Corporal | laans co:pral | wakil ariif |
| Private | praivat | nafar/jundi |
| Officer | ofisa | dabit |
| Soldier | sooldya | askeeri |

# THE SUDANESE GOVERNMENT

## HAKUUMA TA SUDAN

| Kitaaba ta Ingliizi | Sot ta Ingliizi | Arabi Juba |
|---|---|---|
| Central Government | sentral gava:nment | hakuuma markaziiya |
| Region | riijon | iklimi |
| State | steet | wilaiya |
| County | kaunti | majlis al mantiga |
| Town Council | taun kaunsil | majlis al mediina |
| Assembly | A'sembli | majlis al shaab |
| SPLM | SPLM | haraka tahriir al shab al Sudani |
| National Congress Party | næshnal kongres paati | hizb al mutamar al watani |
| Bahr el Ghazal | Baaregazaal | Bahar al Gazaal |
| Equatoria | ekwato:riya | Istwa-iiya |
| Upper Nile | apa nail | Aali Niyl |
| Ministry | ministri | wazaara |
| Department | dipaatment | maslaha |
| Division | divizhon | gisma |
| Office | ofis | maktab |
| Finance | fai'nans | maliya |
| Services | sa:visiz | kidamaat |
| Administr ation | administreeshon | idaara |
| Agrigulture | a'grikalcha | ziraa |
| Works | wa:ks | ashgaal |
| Education | 'edyukeeshon | taaliim |
| Commerce and supply | komas ænd saplai | tijaara wa tamawiin |
| Culture | kalcha | sagaafa |
| Co-operatives | koo-oprativs | ta-aun |
| Public Service | pablik sa:vis | kidma al aama |
| Health | helth | saha |
| Wildlife | waild laif | guwat seyd |

| Kitaaba ta Inglizi | Sot ta Inglizi | Arabi Juba |
|---|---|---|
| Tourism | turizm | siyaaha |
| Forestry | forestri | gabaat |
| Governor | gavana | waali, hakim |
| Deputy | deputy | naib |
| Commisioner | komishona | muhafis |
| Minister | Minista | waziir |
| Director General | dairekta jeneral | mudiir al aam |
| Under Secretary | anda sekre'tari | wakiil al wazaara |
| Director | dairekta | mudiir |
| Deputy Director | depyuti dairekta | nayib mudiir |
| Assistant Director | a'sistant dairekta | musayid mudiir |
| Executive Offj.cer | ekzekyutiv ofisa | dabit majlis |
| Inspector | inspekta | mufetish |
| Chairman | cheayaman | rayis |
| Secretary General | sekre'tari jeneral | amiin al aam |

# GRAMMATICAL INTRODUCTION TO JUBA ARABIC

## 1. The Sentence

1.1    The basic order of the sentence constituents is: subject - verb - object - adverbial phrase

Ana shilu sakiin min mara    I took a knife from the woman.

(I take knife from woman)

Rajil de der kelim le nas    That man wants to talk to the
(man that want talk to    people.
people)

1.2    Auxilliaries, tense and the negative particle precede the main verb.

Huwa <u>kan bi</u>-gum le    He would have gone to Yei now
Yei hasa de

(he <u>PAST FUT</u> start to
Yei now)

Jena de <u>ma der</u> alabu    The child doesn't want to play

(child that <u>not want</u> play)

1.3    An object may be placed before the subject of the clause. In this case, its position has to be filled by a pronominal copy.

Rajil dak, ana ainu-<u>o</u> umbaari    I saw that man yesterday

(Man that, I see <u>him</u> yesterday)

## 2. The Noun Phrase

With the exception of numbers, aya (any) and kulu (every), but not kulu (all of, the whole of), all modifiers follow the noun they qualify. The basic order of modifiers following the noun appears to be: noun - possessive - adjective -relative clause - article (demonstrative) e.g.

aku tai sugeer al geni fi beyt de   My small brother who
(brother my small REL live in   lives in that house
house that)

### 2.1  Number

The most common method of forming the plural is by suffixing "at" or "aat" to the end of the noun, e.g.

| | | | |
|---|---|---|---|
| haja | pl | hajaat | thing |
| kashab | pl | kashabaat | pole |
| mara | pl | maraat | time |

This plural suffix is however, more frequently ommitted, particularly if number is marked by other means e.g. a number, "kulu" or "ketiir" (many):

| | |
|---|---|
| ishriin jidaada | twenty chickens |
| kulu sanduug | all the boxes |
| shejara ketiir | many trees |

A limited number of nouns have an irregular plural which is commonly used. These have been shown in the dictionary. Some examples are:

| | | | |
|---|---|---|---|
| biniiya | pl | banaat | girl,daughter |
| muftaa | pl | mufaati | key |
| jena | pl | iyaal | child |
| beyt | pl | biyuut | house |

If used collectively, nouns denoting human beings may receive a prefix "nas", which is derived from "nas" meaning people:

| | |
|---|---|
| nas-iyaal | the group of children |
| nas-boliis | the police as a whole/the group of police |
| nas-Juma | the group of which Juma is the member best known |

Juba Arabic still retains some examples of the special dual plural used for denoting "two" in Standard Arabic. This is formed by suffixing "teen" or "een" to the noun.

| | | | |
|---|---|---|---|
| sena | year | senateen | two years |
| mara | time | marateen | two times |
| kuraa | foot | kureen | feet (two feet) |

## 2.2   Case

Subject and, object are distinguished by word order:

rajil ainu jena                the man sees the child
(man see child)

jena ainu rajil                the child sees the man
(child see man)

Other case functions are expressed by means of prepositions such as "le" (to), "fi" (in, at) etc.

Ana dowru maa Juma le beytI walked with Juma to the
(I walk with Juma to house)              house

In Juba Arabic the acts of giving, showing or telling ie. benefactive actions require "le" before the receiver (indirect object)

Huwa wodii guruush le mara de

He gave the woman money

(He give money to woman)

Jib le ana moya

Bring me water

(Bring to me water)

## 2.3   Possessive

The possessive adjectives are shown below. They immediately follow the first noun (subject) of a noun phrase.

| | Singular | | | Plural | |
|---|---|---|---|---|---|
| 1 | tai | my | 1 | tana | our |
| 2 | taki | your | 2 | takum | your (pl) |
| 3 | to | his, her, its | 3 | toman | their |

Note: "bi" can be prefixed to any of the above pronouns without changing the meaning eg: his "bito". Examples:

ida to   his hand

barmiil bitana our barrel

de toman  this is their's

sabuun bitai   my soap

The genitive particle in Juba Arabic is "ta" or "bita". It is placed between the head and the modifier noun (owner), e.g.

isim ta jena de

the name of this child

heta ta beet

the wall of the house

tiyn bita heta

the mud of the wall

## 2.4   The Article and Demonstrative

### 2.41   The Article

As a general rule Juba Arabic nouns can be indefinite or definite, e.g.

shejara a, the tree        rajil   a, the man

However, it is common to emphasise definiteness by the use of "de" e.g.

shejara de    the tree          rajil de the man

"De" is essential when a noun is being described in a manner where English would require the verb "to be", e.g.

shejara de tawiil          the tree is tall

rajil de semiin           the man is fat

"De" is also generally used to complete a complex noun phrase,

aku tai al shakal umbaari <u>de</u>, mutu  My brother who fought yesterday has died

(brother my REL fight yesterday die)

### 2.42   Demonstratives

There are four demonstratives:

de:             this, that, these, those

dak:          that, those (emphatic, use occassional)

geriib de:      this, these (position emphasized)

hinaak de:     that, those (position emphasized)

There are no clear rules for the use of particular demonstratives. "De" can be used quite satisfactorily in most situations and the learner should then listen for their appropriate use. All demonstratives are used in the same position in the noun phrase as the article, e.g.

| shejara de | this tree |
| shejara geriib de | this tree here! |
| shejara dak | that tree |
| shejara hinaak de | that tree (over there)! |

## 2.5    Numerals

See the section earlier in this book for the system of numeration used in Juba Arabic.

## 2.6    Adjectives

Adjectives sometimes agree in number with the head noun. This practice is not uniform among Juba Arabic speakers but it is commonly heard with a few very common adjectives e.g.

| kweys pl | kweysiin | good, alright |
| guseer pl | guseriin | short |
| sugeer pl | sugeriin | small |
| kebiir pl | kubaar | big, old |
| bataal pl | bataliin | bad |

One never hears a plural in the adjectives denoting colour.

The most common ways of forming comparisons of adjectives are:

**Equality:**    1) "ze" (as)

2) "gadaru" (as big as/equal to)

Huwa tawiil <u>ze</u> ana            He is as tall as me.

(he tall <u>as</u> I)

Muk to <u>gadaru</u> tai            He is as intelligent as me.

(brain his <u>as big as</u> my)

Kelib de sugeer <u>ze</u> kediis    This dog is as small as a
(dog this small <u>as</u> cat)      cat.

182

**Comparative:**  1) "futu" (to exceed)

2) "min" (from)

Huwa tawiil <u>futu</u> ana     He is taller than me.

(he is tall <u>exceed</u> I)

Rajil de, kebiir <u>min</u> ita     This man is older than you

(Man this, old <u>from</u> you)

In the case of some adjectives an internal comparative form is known by many people. This is used with "min". For example "tawiil" (tall), "atwal" (taller), "kebiir" (big), "akbar" (bigger)

Huwa atwal min ana     He is taller than I

(he taller from I)

**Superlative:**  1) "futu" + group compared to

2) adding "ya-au" to the head noun

3) adding "al" to the comparative form of the adjective

4) other methods are occassionally used

ana tawiil <u>futu</u> ahal kulu     I am the tallest in the family

(I tall <u>exceed</u> family whole)

ana <u>ya-au</u> tawill     I am the tallest

ana <u>al atwal</u>     I am the tallest

### 2.7    Relative Clauses

These are introduced by the the marker "al"

Ana ainu rajil al ja umbaari     I saw the man who came
(I see man <u>REL</u> come yesterday)     yesterday

Mara, <u>al</u> ana bi-ainu bukra ma     The woman I shall see
endu rajil.     tomorrow has no husband.

(Woman <u>REL</u> I FUT see, tomorrow not have man)

## 2.8　Prepositional Modifiers

Prepositional modifiers are words like "fi" (in, at) and "juwa" (inside), which show position. These are added to the head noun, which they qualify without a linking particle.

> Rajil <u>fi</u> arabiiya de, sabi tai　The man in this car is my friend
>
> (man <u>in</u> car this friend my)

> Gumaash <u>fi</u> gufa kebiir de　The clothes in the big basket
>
> (clothes <u>in</u> basket big the)

## 2.9　Ya-au

The word "ya-au" is used in Juba Arabic to draw attention to the subject of the phrase, which it re-emphasises to the listener, e.g.

> zol de ya-au al dugu Juma　This is the person who beat Juma
>
> (person this - REL beat Juma)

> de ya-au zol al dugu Juma　This is the person who beat Juma
>
> (this - person REL beat Juma)

> ana ya-au kebiir　I am the biggest
>
> (I - big)

> beyt tai ya-au de　This is my house/Here is my house
>
> (house my - this)

> ana ya-au de　Here I am

Note:　In the last two examples there would be no change in sense if the "de" was ommitted.

184

## 3. Adverbs and Adverbial Phrases

These are both placed at the end of the phrase with the exception of adverbs and adverbial phrases of time which may be placed at the beginning or end of the phrase.

| | |
|---|---|
| ana wonasu <u>biraa</u> | I talked <u>slowly</u> |
| ana wonasu <u>tihit</u> shejara | I talked <u>under</u> the tree |
| ana wonasu <u>umbaari</u> | I talked <u>yesterday</u> |
| umbaari ana wonasu | |

## 4. Personal pronouns

In the same way as nouns, most personal pronouns are not changed for case. Case functions being distinguished by word order, as far as subject and object are concerned, and otherwise by prepositions. However the third person, both singular and plural, change in the object form and with prepositions. In addition, different versions of the personal pronouns are sometimes heard. These are shown below:

**Singular**

1 ana (I / me)

2 ita, inta (you)

3 huwa, huwo (he, she, it)

 -o (him, her, it)

**Plural**

1 nina, anina (we/us)

2 itakum, intakum (you pl)

3 human (they)

 -oman (them)

Where a verb ends with a vowel this is generally dropped when followed by a personal pronoun, e.g.

| | |
|---|---|
| huwa dug ana | he hit me |
| human ja le nina | they came to us |
| nina kelim le-oman | we spoke to them |
| ana gedim-o | I accompanied him |
| huwa wonasu maa-ita | he talked with you |
| itakum ja maa ana | you came with me |

The reflective pronouns "myself", "yourself" etc are formed by suffixing the possessive adjectives (cf.2.3.) to "nefsa" e.g. "nefsa toman" (themselves)

# 5.                    The Verb Phrase

The verb in Juba Arabic has a basic root to which prefixes are added to indicate tense. The basic root is unchanging except for the last vowel. This is sometimes dropped when followed by another vowel e.g. "ana lig-o". (I found him) rather than "ana ligu-o". Some patterns of verb have the final vowel ommitted by many speakers, particularly by town speakers, as a matter of course. The table below shows the rules governing the most common verb patterns.

v = vowel                    c = consonant

| Verb Pattern | Treatment of Final Vowel | | Examples |
| | By town speakers | Before a vowel | |
|---|---|---|---|
| vccv | Never omitted | Never dropped | asma (hear)<br>arfa (lift) |
| cvcv | Rarely omitted | Often dropped | kutu (put)<br>dugu (hit) |
| vccvc (v) | Often omitted | Usually dropped | ashrab(u) (drink) |
| vcvc(v) | Often omitted | Usually dropped | alab(u) (dance) |
| cvcvc (v) | Usually omitted | Usually dropped | sedim(u) (crash)<br>geleb(u) (win) |

The infinitive which is found in English does not exist and in such contexts the basic root is used. e.g. (to run, to talk)

ana der <u>ashrabu</u> shai          I want to drink tea

(I want <u>drink</u> tea)


huwa ruwa num          He went to sleep

(he go sleep)


Note:   The use of the infinitive without an auxiliary is rare in Juba Arabic. People say "Food is good" rather than "To eat is good".

186

Many Juba Arabic verbs can be transitive and intransitive (c.f. 6.1) e.g.

kasaru                to break, be broken

abinu                 to build, be built

sala                  to make, be made

## 5.1    Tense and aspect

Juba Arabic has various tenses and aspects. Below is a table showing how these are formed.

v = verbal root

| | | |
|---|---|---|
| 1) Aorist | v | |
| 2) Future | bi-v | |
| 3) Perfect | v with kalaas at the end of the phrase | |
| 4) Pluperfect | kan v | |
| 5) Progressive | gi-v | |
| 6) Hypothetical | kan bi-v | |
| 7) Aorist | | |

The aorist may denote any action which is not in the future and is the most ,commmonly used tense in Juba Arabic.

ana akulu (ate, eat, am eating, was eating, have eaten)

2) Future

Huwa <u>bi</u>-ruwa bukra         He will go tomorrow

(he <u>FUT</u> go tomorrow)

Human bi-sala-o kweys       They will mend it well

(they <u>FUT</u> mend it well)

3) Perfect

mara ainu jena <u>kalaas</u>        The woman has (already) seen the child

(woman see child <u>PERF</u>)

huwa rahalu min hini <u>kalaas</u>   He has (already) moved
                                       from   here

(he move from here <u>PERF</u>)

The perfect marker "kalaas" is the same as the verb "to finish"

4) Pluperfect

huwa <u>kan</u> ja            he had come

(he <u>PLU</u> come)

Juma <u>kan</u> ashrabu leben    Juma had drunk some milk

(Juma <u>PLU</u> drink milk)

5) Progressive

huwa <u>gi</u>-ashrabu moya        he is drinking water

(he <u>PROG</u> drink water)

6) Hypothetical

ana <u>kan bi</u>-ja lakiin    I would have come but I
ana aiyaan                    was ill

(I <u>PLU FUT</u> come but I ill)

huwa <u>kan bi</u>-mada-o lakiin   He would have signed it but

huwa gum sudfa le Torit       he left suddenly for Torit

(he <u>PLU FUT</u> sign it but he

leave suddenly to Torit)

These are the most common tense and aspect forms. In addition, there
are other markers and combinations of markers placed before the verb to
express distinctions of tense, aspect or mood, e.g. lisa: not yet, yet, still

rajil dak, lisa ma ja        that man has not yet come

(man that yet not come)

## 5.2 Negation

"Ma" meaning "not" is used to form the negative. It is invariably placed after the subject (and any subject modifiers) and before the verb and any tense markers, e.g.

| | |
|---|---|
| Nas, al ja umbaari, <u>ma</u> der fatuur | the people who came yesterday don't want breakfast |
| (People REL come yesterday <u>not</u> want breakfast) | |
| Nina <u>ma</u> bi-ruwa fi suk | We will not go to |
| (We <u>not</u> FUT go to market) | the     market |

## 5.3     "To be"

There is no verb "to be" in the present tense. When occuring with personal or demonstrative pronouns the adjective follows immediately

| | |
|---|---|
| huwa tawiil | he is tall |
| de shen | this is ugly |
| nina kweysiin | we are alright |

When a noun is to be described, then "de" has to be appended to the noun phrase to distinguish between this case and that of a noun with its modifiers, e.g.

| | |
|---|---|
| kediis aswad | a black cat |
| kediis <u>de</u> aswad | the cat <u>is</u> black |
| sika adiil | a straight road |
| sika <u>de</u> adiil | the road <u>is</u> straight |
| ras ta karuuf | the head of a sheep |
| ras <u>de</u> ta karuuf | <u>it is</u> the head of a sheep |

When one wishes to describe the presence of people or things then the word "fi" is used, e.g.

| | |
|---|---|
| huwa fi | he is around, he is alive |
| huwa fi hinaak | he is there |
| sukar fi | there is sugar |

When one wishes to describe the above situations or conditions in the past or future then the past marker "kan" and the future marker "bikuun" are used. In the case of describing a noun this obviates the necessity for the use of "de". Examples:

| | |
|---|---|
| huwa <u>kan</u> tawiil | he was tall |
| de <u>bikuun</u> shen | this will be ugly |
| kediis <u>kan</u> aswad | the cat was black |
| sika <u>bikuun</u> adiil | the road will be straight |
| huwa <u>kan</u> fi hinaak | he was there |
| nas <u>bikuun</u> fi | there will be people |

## 5.4    "To have"

There is one verb expressing possession in Juba Arabic. This is "endu". In standard Arabic this has a variable, ending agreeing with the subject: e.g. endi (I have), endak (you have, masculine). These forms are sometimes heard in Juba but is rare, more usually the subject is stated explicitly and the invariable "endu" is used. The past is formed by adding "kan".

| | |
|---|---|
| ana <u>endu</u> kitaab | I have a book |
| human <u>endu</u> guruush | They have money |
| nina <u>kan endu</u> beyt | We had a house |
| ita <u>kan endu</u> haz | You had luck |

The future "bikun endu" is understood but rarely used. More often it is avoided by using another verb in the future tense such as "ligu" (find).

| | |
|---|---|
| ana bi-ligu guruush | I will have (find) money |
| ita bi-ligu mushkila | You will have problems |

# 6. Passive and Causative

## 6.1 Passive

In Juba-Arabic the object of the verb can be made the subject of the sentence by placing the noun phrase before the verb and addin a long "u" to the end of the verb, e.g.

| | |
|---|---|
| huwa seregu barmiil | barmiil de sereguu |
| He stole a barrel | The barrel was stolen |
| ana woduru kitaab de | kitaab de woduruu |
| I lost that book | The book was lost |
| nina arfa sandug | arfa-u sanduug |
| we lifted the box | the box was lifted |

Note: that there is no stress on the first syllable of the verb in this form. All stress being placed on the final "uu"

## 6.2 Causative

In English when a person causes the action of another thing or person the most common verb expressing this is "made". Such causative expressions in Juba Arabic are formed using the verb "kut(u)" (put).

huwa <u>kut</u> ana nadifu hosh          he made me clean the

compound

(he <u>put</u> me clean compound)

ana <u>kutu</u> jena askut          I made the child quiet

(I <u>put</u> child quiet)

# 7. Imperative and Should

## 7.1 Imperative

The imperative consists of the basic root of the verb. There are a few verbs where one occassionally hears a plural imperative formed by the suffixing of "-kum" to the root and the negative imperative is formed by placing "mata" in front of the verb

| | |
|---|---|
| kelim | Speak! |
| ruwa fi beyt | Go home! |

| | |
|---|---|
| alabu | Dance! |
| mata jibu dak | Don't bring that! |
| mata gesim kida | Don't divide like that! |
| ruwa-kum | Go! (you pl.) |

The verb "ja" has an irregular form, "taal" (come!) but in the negative it is regular: "mata jai" (don't come!).

## 7.2    "Should"

The concept that one course of action is preferable to another can be expressed in several ways in Juba Arabic. That which corresponds most closely to the English auxiliary "should" is "keli", e.g.

<u>keli</u> human ja badri        They should come early

(<u>should</u> they come early)

<u>keli</u> ita ruwa fi beet        You should go home

(<u>should</u> you go home)

## 8    Questions

In Juba Arabic a question is generally expressed by intonation. The learner is advised to listen to examples and copy the tonal structure of the sentence. In writing Juba Arabic a question mark at the beginning of the sentence such as is employed in Spanish might prove a useful convention since there is no change in word order and interrogatives (question words such as who, how etc) often come at the end of the sentence.

| | |
|---|---|
| ?ita ainu <u>minu</u> | Who did you see? |
| ?huwa jibu <u>shinuu</u> | What did he bring? |
| ?ita ja <u>kef</u> | How did you come? |
| ?de hasil <u>miteen</u> | When did that happen? |
| ?beet too <u>weyn</u> | Where is his house? |
| ?huwa akir <u>ley</u> | Why is he late? |
| ?ita geni fi maktab <u>yatu</u> | Which office do you sit in? |
| ?ita bi-ruwa fi suk <u>saa kam</u> | When will you go to the market? |

192

While it is common to find the interrogatives placed at the end of the question in Juba Arabic it is not a firm rule e.g.

| ?<u>lee</u> ita aba akil tai | Why do you refuse my food? |
| ?de <u>minuu</u> fi maktab | Who is that in the office? |
| ?rajil <u>yatu</u> ja sabah | Which man come this morning? |

There is one general interrogative in Juba Arabic. This is "seyi"

which may be translated as "really?" This can be used alone or at the beginning or end of a clause.

| ?seyi, huwa amilu de | Did he really do that? |
| (really, he do that) | |
| ?human rudu seyi | Did they really agree? |
| (they agree really) | |

## 9.      Joining phrases & sentences

The normal conjunction for joining noun phrases is "wa" but often "maa" (with) is used where the sense of "with" is equally applicable.

| huwa akulu bataatis maa laham | He ate potatoes and |
| (he ate potoes <u>with</u> meat) | (with) meat |

| ana endu bata wa jidaada | I have ducks and |
| (I have duck <u>and</u> chicken) | chickens |

Verb phrases are joined by "wa" (and) and "badeen" (then) but

sometimes the conjunction is omitted, for example, in a series of actions.

huwa ruwa fi beet <u>wa</u> num            He went home and slept

(he go to home <u>and</u> sleep)

huwa ja, selim nas, <u>badeen</u> futu      He came, greeted the people
and then he came, greet people <u>then</u> leave    left

Other common conjunctions are "awa",and "wala" (or), "sala" (although), "lakin"( but) "ashan" (because)

ita der shai <u>awa</u> gahwa          Do you want tea or coffee?

(you want tea <u>or</u> coffee)

Juma bi-jowzu <u>sala</u> ahal          Juma will marry although his
to kulu aba                            whole  family refuses.

(Juma FUT-marry <u>although</u>

family his all refuse)

Jena de gi-koree <u>ashan</u>          The child is crying because he
huwa    zalaan                         is  angry.

(child the PROG-cry <u>because</u>
he

angry)

ana hawil lakiin huwa ma      I tried but it didn't succeed

naja

(I try <u>but</u> it not succeed)

We have seen the use of "al" in the noun phrase to introduce a relative clause, e.g. "ragil al..." (the man that). In English the "that" which connects verbal phrases has no equivalent in Juba Arabic. In such situations the second clause of the sentence follows on immediately from the first clause.

huwa fekir ana beliid          He thinks that I am stupid

(he thinks I stupid)

ana arif huwa ruwa beridu    I knew that he went to wash

(I know he go wash)

Other common connecting words are "kan" (whether/if) and the interrogatives "ley" (why) "miteen" (when) and "kef" (how)

Ana ma arifu <u>kan</u> huwa      I don't know whether he has
futu                             left

(I not know <u>whether</u> he leave)

194

Nina ma arifu huwa bi-ja <u>miteen</u>    We don't know when he will come?

(We not know he FUT come <u>when</u>)

Huwa ma fahim ana gelibu <u>kef</u>    He doesn't know how I won

(He not understand I win <u>how</u>)

Human ma arif nina futu <u>le</u>    They don't understand why we left

(They not know we leave <u>why</u>)

It should be noted that the interrogative "miteen" can only be used where there is an element of uncertainty/questioning. If this is not the case a non-interrogative must be used, e.g.

Ana bi-ja <u>kan</u> ana kalasu    I will come when (if) I have finished

(I FUT come <u>if</u> I finish)